채널고정! 시끌벅적 PD삼총사가 떴다!

사진 제공

경인방송(18쪽), 씨네21(62쪽, 136쪽, 161쪽), 페이퍼하우스(76쪽), 하니TV(85쪽, 91쪽, 102쪽, 135쪽),
한겨레신문사(29쪽, 40쪽, 75쪽, 92쪽, 112쪽, 133쪽, 147쪽)

채널고정! 시끌벅적 PD 삼총사가 떴다!

초판 1쇄 발행 2010년 7월 16일 ㅣ **11쇄 발행** 2024년 12월 10일

글쓴이 태미라 ㅣ **그린이** 정은영 ㅣ **펴낸이** 이상훈 ㅣ **편집** 한겨레아이들
디자인 SALT & PEPPER Communications ㅣ **마케팅** 김한성 조재성 박신영 김효진 김애린 오민정

펴낸곳 (주)한겨레엔 www.hanibook.co.kr ㅣ **주소** 서울시 마포구 창전로 70 (신수동) 화수목빌딩 5층
전화 02-6383-1602~3 ㅣ **팩스** 02-6383-1610 ㅣ **출판등록** 2006년 1월 4일 제313-2006-00003호

ISBN 979-11-7213-187-6 73300

열두 살 직업체험
방송국 편

채널고정! 시끌벅적 PD삼총사가 떴다!

태미라 글 | 정은영 그림

한겨레아이들

나만의 '꿈 씨앗'을 품어 보세요!

어젯밤, 어떤 꿈을 꾸었나요? 좋은 꿈을 꾸고 일어났다면 오늘 하루 종일 기분이 좋아서 실실 웃음이 나오고 신이 나서 저절로 콧노래가 나올 거예요. 그런데 어떤 꿈은 딱 하루가 아닌 아주 오랫동안, 심지어 평생 신나고 즐거운 인생을 살게 해 준답니다.

와~! 세상에 그렇게 좋은 꿈이 어디 있느냐고요? 그건 바로 우리 마음속에 품고 있는, 또는 앞으로 품게 될 미래에 대한 꿈이지요. 마음속의 꿈을 이루기 위해 오랫동안 노력하고, 10년, 20년 뒤에는 그 꿈을 마음껏 펼치며 산다면 이보다 더 신나고 멋진 인생은 없을 거예요.

그러기 위해서는 나에게 꼭 맞는 '나만의 꿈'을 찾는 것이 중요해요. 그 꿈을 어떻게 찾아야 하는지, 또 어떻게 키워 가야 하는지 몰라 막막하다고요? 큰 나무도 작은 씨앗에서 나오듯 커다란 미래의 꿈도 자그마한 꿈 씨앗에서 나온답니다.

먼저, 엄마 아빠가 권하는 일, 남들이 부러워하는 일, 막연하게 멋져 보이는 그런 일보다는 내가 정말 하고 싶은 일, 내가 가장 잘할 수 있는 일을 곰곰이 생각해 보세요. 나만의 꿈 씨앗을 찾는 일은 거기서부터 시작되니까요.

'아하~!' 하고 무릎을 탁 치며 그런 일이 떠올랐다면, 그 일이 이제부터 여러분의 꿈 씨앗이 되는 거예요. 나만의 꿈 씨앗을 마음속에 꼬옥 품어 보세요. 꿈 씨앗을 품은 것만으로도 두근두근 마음이 설레고 뿌듯할 거예요.

하지만 아무리 좋은 꿈이라도 꿈만 꾸고 있으면 아무런 의미가 없겠지요. 꿈 씨앗에서 파릇한 싹을 틔우고, 튼튼한 나무로 키워 탐스러운 열매가 열릴 수 있도록 시간과 노력을 아끼지 말아야 해요. 자칫 게으름을 피우다 보면 꿈 씨앗은 시들고 말라서 어느새 우리 마음속에서 온데간데없이 사라져 버릴지 모르거든요.

이 책에서 여러분은 천방지축 개구쟁이 '마진가'라는 친구를 만날 거예요. 마진가는 자기가 진짜 하고 싶은 일이 뭔지, 가장 잘할 수 있는 일이 뭔지 잘 몰라요. 꿈이니 장래 희망이니 하는 데에는 눈곱만큼도 관심이 없지요. 그러던 녀석이 얼떨결에 방송국 생활을 하게 되면서 멋진 꿈을 꾸기 시작했어요. 녀석의 방송국 생활은 처음부터 우당탕! 그야말로 시끌벅적! 급기야 파란만장! 하지만 보면 볼수록 흥미진진하답니다.

자, 그럼 개구쟁이 마진가와 함께 꿈을 찾으러 방송국으로 출발해 볼까요? 리얼 버라이어티 '천방지축 마진가의 시끌벅적 꿈 찾기 프로젝트' 기대하시라!

채. 널. 고. 정.

태미라

차례

덧붙임
요리조리 방송국 속으로! | 흥미진진! 방송 프로그램, 이렇게 만들어져요!
우리도 방송국 체험하러 가자!

시끌벅적 등장인물 소개

주요 인물

이름: 장하다
직업: 방송국 어린이 프로그램 PD
별명: 꽝엄마! 짱PD!
집에서 엄마 노릇은 완전 꽝. 요리도 꽝! 살림도 꽝! 육아도 꽝! 건망증도 심하고, 덤벙대기 일쑤. 집에서는 꽝엄마! 하지만 방송국에서는 일 잘하기로 소문난 PD계의 우먼 파워 짱! 그래서 별명도 짱PD! 항상 일에 지쳐 부스스한 얼굴에 다크서클이 어깨까지 내려와 있는 폭탄머리 아줌마.

이름: 마진가
직업: 초등학교 5학년
별명: 삐딱한 마징가
가끔은 엉뚱하고, 가끔은 정의감에 불타기도 하고, 가끔은 기발한 생각을 하지만, 거의 매일같이 사고를 치는 개구쟁이. 주위에선 엄마 아빠가 방송국 PD라고 부러워하지만, 엄마 아빠가 늘 방송 일로 바쁘다 보니 진가는 엄마 아빠 그리고 방송국에 불만이 많다.

이름: 마봉추
직업: 방송 프로그램 여기저기 전전하는 신입 PD (아직 AD)
별명: 만년 AD!
집에서는 큰소리 뻥뻥 치는 대장 아빠지만, 방송국에만 들어섰다 하면 고참 PD인 엄마에게 찍소리도 못 내는 신입 PD. 실수투성이지만 남다른 뚝심 하나로 맡은 임무를 완수해 낸다.

주요 감초 인물

입히자 (의상 전문가)
카메라발 잘 받는 의상을 쏙쏙 골라 오는 의상 전문가 누나.

앙드레 (무대 디자이너)
판~타스틱하게 무대를 디자인하고 설치하는 무대 디자이너.

화장발 (분장사)
특수 분장의 달인으로, 출연자들을 프로그램과 역할에 맞게 멋지게 변신시킨다.

남보아 (가수)
마진가가 다니고 있는 와방초등학교를 졸업한 열네 살 가수. 와방초등학교를 나온 연예인 1호로 교장 선생님의 자랑거리. 하지만 아이들 사이에서는 보나마나 왕재수로 불린다.

만물상 (소품실 관리자)
만물 창고, 보물 창고인 소품실을 관리하는 소품실 대장님.

왕수다 (작가)
방송에서 사회자, 아나운서, 리포터, 성우 들의 입을 빌려 왁자지껄 왕수다를 떠는 수다의 최고봉. 수다의 기술을 보여 주는 방송 작가. 왕작가 또는 뱃살마녀로 통한다.

정확도, 신속해 (아나운서)
뉴스를 정확한 표현과 언어로 시청자들에게 전달하는 아나운서.

한예술 (카메라 감독)
방송 촬영의 꽃이라고 할 수 있는 카메라 감독. 장면 장면마다 예술혼을 불어넣어 카메라에 담아낸다.

실감나 (영상 디자이너)
할리우드에서도 탐내는 실감 나는 특수 영상의 달인.

뽕뽕이
인기 캐릭터 뽕뽕이 탈 인형을 쓰고 연기하는 누나.

기필코 (기자)
사건 사고가 나면 지구 끝까지 찾아가 기필코 취재를 해내는 방송 기자로, 마봉추 PD와 비슷한 시기에 방송국에 들어온 친구 사이.

오디션 (캐스팅 디렉터)
한눈에 최고의 연기자를 찾아내는 캐스팅 디렉터.

이경욱
걸핏하면 '욱' 하고 성질을 좀 부리긴 하지만 마진가가 가장 좋아하는 단짝 친구로, 가수 남보아를 짝사랑하고 있다.

변성기 (성우)
천 개의 목소리를 가진 성우 아저씨.

장소만 (로케이션 매니저)
좋은 촬영 장소를 찾아 지구 두 바퀴 반을 돌아다닌 로케이션 매니저.

"에잇! 내 팔자에 방송국[1]이라니!"

나는 방송국으로 향하는 내내 애꿎은 돌멩이만 툭툭 차면서 구시렁거렸다. 방송국 가까이 3km 이내로는 절대로 얼씬하지 않으리라 마음먹고 산 지 어언 12년! 하지만 오늘, 그토록 꿋꿋하게 지켜온 나의 비장한(!) 다짐이 대단원의 막을 내리게 되었다.

이게 다 '부모님 직업 현장 실습'이라나 뭐라나 하는 방학 숙제 때문이다. 부모님이 가족을 위해 얼마나 열심히 일하고 있는지를 곁에서 보고 직접 체험도 해 보라는 숙제였다.

방학하는 날, 반 아이들은 내 주위로 몰려와 한바탕 호들갑을 떨었다.

"꺄악! 야, 마징가! 너 완전 대박이닷!"

[1] 방송(放送, broadcasting)

'방송'이라는 말은 1차 세계대전 때 '명령을 무선을 통해, 한꺼번에, 여러 군함에 보낸다'는 뜻으로 처음 사용하게 되었어요. Broadcasting은 '폭이 넓다'의 broad와 '던지다'의 cast가 합해진 말로 항상 세상의 소식을 널리 퍼뜨리고 있다는 의미예요. 그러면 방송국이 맞을까요, 방송사가 맞을까요? 둘 다 맞는 말이랍니다. 굳이 그 차이점을 콕 집어 말한다면, '방송사'가 '방송국'보다 좀 더 크고 넓은 의미를 가졌다고 할 수 있어요. '방송국'이 여러 매체를 이용해 방송을 내보내는 기관이란 뜻을 가졌다면, '방송사'는 방송에 관한 모든 일을 하는 회사라는 뜻이랍니다.

"좋겠다! 나도 데려가."

남들은 가고 싶어도 못 가는, 멋진 연예인들이 우글우글한 방송국을 방학 내내 내 집 아니, 영어 학원 드나들 듯 자주 드나들 내가 무지하게 부럽다며 말이다. 하지만 나는 아이들을 향해 보란 듯이 콧방귀를 날렸다.

"흥! 완전 대박? 천만의 말씀 만만의 콩떡이거든!"

"역시 삐딱한 마징가야."

"야, 내 이름은 마,진,가,거든!"

아이들은 나의 삐딱한 행동을 보고 '삐딱한 마징가'라고 놀리곤 했다. 날마다 듣는 이 별명이 오늘따라 유난히 귀에 거슬렸다.

사실 내가 늘 삐딱한 건 아니다. 유독 방송국 이야기만 나오면 나도 모르게 삐딱해지곤 했다. 이게 다 나만의 불치병, '방송국 알레르기' 때문이다.

'방송국 알레르기'란 내가 발견한 병으로, 이름 또한 내가 직접 지었다.

언제부터인지 정확히 말할 수는 없지만, 방송국에 엄마 아빠를 빼앗겼다고 느낀 뒤부터 이른바 '방송국 알레르기'에 걸리게 되었다.

'방송국 알레르기'에 걸리면 어떤 증상이 있냐고?

이 병의 증상은 이렇다. 방송국의 '방' 자만 들어도 이맛살이 찌푸려지고,

방송 매체인 텔레비전이나 라디오를 보기만 해도 짜증이 난다. 그러다 보니 자연스럽게 방송국이 싫어지게 된 것이다.

내가 이 병에 걸리게 된 건 순전히 엄마 아빠 때문이다. 같은 방송국에서 PD로 일하고 있는 엄마 아빠는 매일같이 "바쁘다 바빠!"를 입에 달고 산다. 걸핏하면 야외 촬영에 밤샘 편집, 걸핏하면 출연자 섭외로 얼굴을 볼 수 있는 날이 거의 없었다. 그러니 내가 방송국에 '방' 자만 들어도 인상이 구겨질 수밖에.

엄마 아빠한테 투정을 부려 보기도 했지만, 번번이 "다 너 잘 키우려고 그러는 거야."라는 얼토당토 않는 대답만 돌아올 뿐이었다.

"12년 동안 날 키운 건 엄마 아빠가 아니라 2할이 외할머니요, 8할이 뽀롱뽀롱 뽀로로였거든!"

그럴 때마다 나는 이렇게 외치고 싶었다. 물론 차마 입 밖으로 꺼낼 용기가 나질 않아 꾹 참고 또 참았다. 하지만 생각하면 생각할수록 정말 그랬다. 유치원 시절부터 뽀로로가 없었다면 그 기나긴 나날 동안 누가 나와 놀아 주고, 누가 날 돌봐 줬을까.

"칫! 뽀로로 같은 시청률 빵빵한 대작을 만드는 것도 아니면서 엄마 아빠는 대체 방송국에서 뭘 하느라 늘 바쁜 척이야?"

엄마 아빠는 대체 방송국에서 무슨 일을 하기

흥…
방송국 따위

에 그렇게도 '바쁘다 바빠'를 입에 달고 살까 갑자기 궁금증이 훅 밀려왔다.

피할 수 없다면 즐기라는 말이 있지 않던가? 어차피 방송국 현장 실습을 피할 수 없다면 이번 기회를 하늘이 준 절호의 기회로 여기고, 엄마 아빠의 방송국 생활을 낱낱이 파헤쳐서 다시는 바쁘다는 핑계를 대지 못하게 하리라 마음먹었다.

'그래, 작전 개시다! 오늘의 작전명은 〈떴다, 마진가!〉'

자, 그럼 호랑이 잡으러 호랑이 굴로 슬슬 들어가 볼까?

그. 러. 나!

호랑이 굴로 들어가기가 그 입구에서부터 만만치 않았다.

방송국 정문 앞에 도착해 보니 팬클럽 누나들이 오색 풍선과 플래카드를 흔들며 장사진을 치고 있지 뭔가. 정문을 지키는 경비 아저씨들은 한 무리의 누나들과 실랑이를 하느라 한창 진땀을 빼고 있었다.

"니들이 무슨 〈은행나무 침대〉에 나오는 황장군이냐? 비가 오나 눈이 오나

길바닥에 죽치고 앉아 있게?"

"아저씨, 빈 오빠야 좀 만나게 해 주세요! 부산서 새벽같이 안 왔능교!"

나는 가까스로 오빠부대 누나들 사이를 뚫고 정문을 통과했다. 물론 방송
국 출입증이나 사원증 없이는 정문을 통과할 수 없다. 사원이나 방송 관계자
가 아닌 이상은 정문 옆에 있는 방문증 발급 사무실에 가서 방문증[2]을 받아

² **방송국 안의 여권, 방문증**

방송국 사원이나 방송 관계자(연예인과 매니저, 각종 외부 제작진 등)는 사원증과 정식 출입증이 있기 때문에 그것만 제시하면 언제든 방송국 출입이 가능해요.

하지만 개인적으로 누구를 만나러 왔다거나 방송 프로그램에 출연을 하러 왔다거나, 현장 견학을 왔을 때는 출입 절차가 필요해요. 우선 방송국 정문에 있는 방문증 발급 사무실에 들러요. 그곳에서 방송국에 온 용건 등을 간략하게 적은 다음, 신분증이나 학생증을 맡기면 방문증을 주지요. 그 방문증을 명찰처럼 옷에 달면 하루 종일 방송국 출입 오케이!

옷에 달고 들어가야 하기 때문이다.

"저, 장하다 PD 만나러 왔는데요. 현장 실습 때문에……."

"네, 잠시만요. 아, 여기 장하다 PD님이 방문 예약해 두셨네요. 방문증 달고 들어가시면 됩니다."

나는 엄마가 미리 예약을 해 둔 터라 쉽게 방송국 안으로 들어갈 수 있었다.

'쳇! 살다 보니 내가 PD 엄마 덕 볼 일도 다 있네.'

난생처음 방송국에 들어서자, 나는 왠지 기분이 묘해지면서 살짝쿵 떨리기 시작했다.

'어? 이것도 방송국 알레르기 증상 가운데 하나인가?'

방송, 이 정도는 알고 보자

1927년 우리나라에 첫 방송이 시작된 뒤로 80여 년 간 방송은 우리 일상생활과 떼려야 뗄 수 없는 삶의 일부분이 되었어요. 우리 삶이 발전해 가는 것처럼 방송 또한 어제보다 나은 모습으로 발전하고 있지요.

과학 기술의 발달로 방송을 내보내는 방법이 다양해졌어요. 대표적인 방송 방법을 알아 볼까요?

첫째, 땅 위에 세운 무선국을 이용해서 전파를 쏘아 올려 내보내는 방송을 '지상파 방송'이라고 해요. 흔히 '공중파 방송'이라고도 하지요. KBS(한국방송공사), MBC(문화방송), EBS(한국교육방송공사), SBS(서울방송) 들이 대표적인 지상파 방송이지요.

둘째, 광(光)케이블(cable) 전선을 연결해 영상, 음향, 데이터 등을 전달하는 케이블 방송이 있어요. 케이블 방송은 원래 지상파 방송이 잘 나오지 않는 지역을 위해 개발된 것이지만 다양한 채널을 골라 볼 수 있어서 요즘에는 지상파 방송이 잘 나오는 지역에서도 케이블 방송을 많이 봐요. 케이블 방송을 '유선 방송' 또는 '다채널 방송'이라고도 불러요.

셋째, 인공위성을 이용해 방송을 내보내는 위성 방송이 있어요. 위성 방송은 우주에 떠 있는 인공위성으로 직접 전파를 보내기 때문에 화질이 깨끗하고 전국 동시 방송이 가능하다는 장점이 있어요.

또 방송 제작 분야도 다양해졌어요. 그만큼 각 분야마다 필요한 다양한 전문가들

이 방송국 안을 누비며 일하고 있다는 의미지요.

방송 제작 분야는 크게 텔레비전과 라디오로 나뉩니다. 라디오는 말을 들려주고, 말을 보여 주는 분야예요. 텔레비전처럼 화면으로 장면을 직접 보여 주진 않지만 '말'을 주재료로 화면으로 보는 것보다 더 많은 것을 보고 들을 수 있는 분야입니다. 인터넷 매체가 발달한 요즘은 '보이는 라디오'가 생겨 인터넷 홈페이지 화면을 통해 방송하는 모습을 볼 수도 있어요.

텔레비전은 라디오보다 훨씬 제작 분야가 다양하게 나뉘어져 있어요. 시사·교양, 쇼·오락, 드라마, 보도, 스포츠 등으로 말이지요.

시사·교양은 우리 실생활과 관련 있는 새로운 정보와 신선한 재미라는 두 마리 토끼를 잡는 분야로, 가장 광범위한 방송 장르이기도 합니다. 정보·토론·교육 프로그램, 다큐멘터리가 대표적이에요.

쇼·오락은 시청자들에게 웃음과 즐거움을 주는 비타민과도 같은 분야입니다. 코미디를 비롯하여 버라이어티쇼, 시트콤, 토크쇼, 음악쇼 등 시청자들에게 즐거움을 주는 프로그램이 대표적입니다.

드라마는 '브라운관의 꽃'으로 일컬어지는 분야랍니다. 방송의 모든 기술과 제작 능력을 종합해서 보여 주는 브라운관의 종합 예술인 셈이지요.

보도는 나라 안팎에서 일어나는 다양한 분야의 사건 사고 소식을 빠르고 정확하게 전달하는 분야입니다. 대표적으로 뉴스가 있어요.

스포츠는 각종 스포츠 중계 및 스포츠 관련 소식을 전하는 분야로, 대본 없는 드라마라고 부를 만큼 예상치 못하는 돌발 상황이 극적으로 펼쳐지는 분야지요.

최근에는 시청자들의 취향이나 욕구가 다양해지면서 분야별 차이가 점점 좁아져 그 분류의 경계가 점점 사라지고 있습니다.

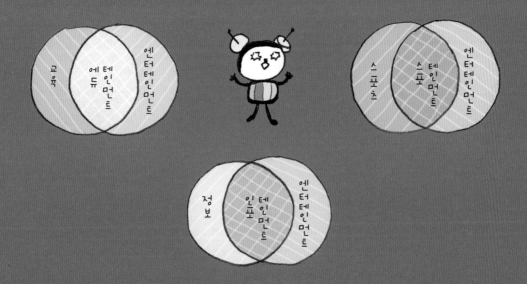

s#. 3 우리는 방송국
3D³ 가족

방송국 안은 내가 상상했던 것보다 훨씬 크고 복잡했다.

복도를 오가는 사람들은 하나같이 바빠 보였다. 녹화 시간 10분 전이라며 헐레벌떡 뛰어 들어가는 연예인과 그 뒤를 그림자처럼 따라가는 아저씨(아마도 매니저로 보임), 그리고 또 의상을 한 아름 들고 뒤쫓아 가는 의상 전문가(코디네이터), 각종 방송 장비를 들고 왔다 갔다 하는 사람들, 거기다 단체로 견학을 온 유치원 아이들까지 방송국 안은 북적북적했다.

"도대체 예능 제작국은 어디인 거야?"

한참을 두리번거리다가 한쪽 벽에 붙어 있는 층별 알림표를 발견했다.

"층마다 뭐가 이렇게 복잡하고 많아?"

사실 나는 조금 뜨악했다. 지금까지 방송국 하면 녹화 스튜디오와 사무실, 분장실 같은 촬영에 필요한 부서들만 있을 것이라고 생각했다. 그런데 층별 알림표

³ 방송국에는 3D 삼총사가 있어요. 바로 PD, AD, FD랍니다.
프로그램 제작을 담당하는 연출자인 PD(Produce Director), PD를 돕는 AD(Assistance Director), 그리고 PD와 AD를 돕는 연출 보조 FD(Floor Director)가 있어요.

를 보니 방송국에 왜 이런 부서가 필요할까 싶은 것들이 훨씬 더 많았기 때문이다. 예를 들면 국제 교류국, 기술 연구소, 사옥 종합 감시 통제 운영실, 중앙 회선 조정실 같은 것들 말이다.

어찌 되었든 나는 빨리 엄마 아빠가 근무하고 있는 예능 제작국으로 가야 했다. 첫날부터 지각할 수는 없으니까.

"앗, 찾았다! 3층!"

엘리베이터 타고 3층으로 올라가기만 하면 되겠거니 했는데 웬걸, 엘리베이터 문이 열리자 거대한 미로가 나를 기다리고 있는 것이 아닌가? 통로들이 여러 갈래로 구불구불하게 뻗어 있고, 그 통로마다 회의실이며 사무실들이 다닥다닥 늘어서 있었다. 이상한 나라의 앨리스가 하얀 토끼를 찾아다니듯 사무실 여기저기를 기웃거리다 겨우 예능 제작국을 찾아냈다.

예능 제작국을 본 첫 느낌을 다섯 자로 표현하라면, '완. 전. 어. 수. 선!'

커다란 사무실에는 신문, 잡지들이 아무렇게나 널려 있고, 책상마다 책들과 방송용 테이프들이 층층이 쌓여 있었다. 게다가 한쪽 소파에선 어떤 아저씨가 겨울잠 자는 곰처럼 웅크린 채 자고 있는 게 아닌가! 한눈에 봐도 어젯밤을 꼴딱 샌 게 틀림없다.

어수선해 보이기는 했지만, 이런 어지러운 분위기가 한편으로는 꽤 자유로워 보이기도 했다. 자유분방한 복장에, 틀에 박히지 않은 듯 나름대로 저마다의 일을 하느라 분주하게 움직이는 사람들의 모습에서 왠지 모를 열정 같은 것도 느껴졌다.

그때였다. 누군가의 화난 목소리가 쨍하고 사무실 안을 울렸다. 돌아보니 주인공은 바로…… 엄마였다. 평소 집에서 보던 덜렁대는 건망증 여사의 모습이 아니었다. 엄마는 몹시 열받은 표정으로 어떤 아저씨를 야무지게 혼내고 있었다.

'오우~ 웬 카리스마?'

엄마의 카리스마 넘치는 모습이 꽤 멋져 보이기까지 했다.

"아니, 도대체 일을 어떻게 하는 거예욧?"

"그게…… 그러니까…….'

"촬영 스케줄을 이렇게 꼬이게 짜면 어떡해욧!"

"저…… 그날 더빙 스케줄이 있는지 깜빡해…….'

"깜빡이라고욧? 촬영이 펑크 나게 생겼는데!"

"죄, 죄송합니…….'

"죄송하다면 다예욧? 그러니까 '만년 AD'라고 놀림받죠!"

엄마 앞에서 혼쭐이 나고 있는 그 아저씨는 목덜미까지 빨개져서는 더 이상 아무 말도 못 하고 고개를 푹 떨어뜨렸다. 꼭 교무실에 불려

가 선생님한테 혼나는 내 꼴 같아서 자꾸만 큭큭 웃음이 새어 나왔다.

"엄마, 나 왔어!"

"어머, 진가 왔구나!"

엄마가 나를 반갑게 맞자, 옆에 있던 아저씨가 번쩍 고개를 들었다.

"아, 아, 아빠……?"

순간 머리가 띵~ 했다.

지금까지 '나의' 엄마한테 엄청 깨시고 있던 그 아저씨가 바로 '나의' 아빠였다니!

아빠는 멋쩍은 듯 머리를 긁적이며 나를 향해 씨~익 웃었다.

'이게 무슨 황당 시추에이션 코미디야?'[4]

집에서는 큰소리 뺑뺑 치며 카리스마 넘치는 아빠가 방송국에서는 선배 PD인 엄마에게 찍소리도 못하는 사고뭉치 AD로, 한편 집에서는 요리도 꽝! 살림도 꽝! 그래서 아빠와 나에게 만날 '꽝 엄마'라고 놀림받는 엄마가 방송국에서는 일 못하는 후배 PD들, 특히 사고뭉치 후배인 아빠를 혼내는 '짱PD'로 180도 뒤바뀌어 있다니…….

"우, 우리 아들 잘 왔네! 우선 국장님한테 인사부터 드려야지! 그렇죠, 선배님?"

아빠는 이 어색한 상황에서 빨리 빠져나가고 싶었는지 나와 엄마의 등을 떠밀다시피 하며 예능국의 대장 격이라는 국장님에게 갔다. 그러고는 나를 인사시켰다.

"국장님! 오늘부터 방송국 현장 실습을 하게 된 제 아들 녀석입니다."

"안녕하세요. 저는 와방초등학교 5학년 마진가라고 합니다."

"어어. 네가 그 말로만 듣던 장하다 PD와 마봉추 PD의 용감무쌍한 아들, 마징가구나!"

"저는 마징가가 아니고 마, 진, 가, 거든요!"

"허허허. 그 녀석 삐딱하기는. 그 삐딱함 왠지 마음에 든다. 세상을 좀 삐딱하게 볼 줄도 알아야 남들보다 좀 더 새로운 방송도 만드는 법이지. 좋아, 아주 좋아!"

국장님이 하는 말이 알 듯 모를 듯했다. 하지만 삐딱한 것이 마음에 든다니, 삐딱한 걸로는 세상에서 둘째가라면 서러운 나로서는 희소식임에 틀림없었다.

"마징가! 오늘부터 우리 방송국 잘 좀 부탁한다."

"네? 아, 네."

국장님은 엄마와 아빠에게 갑작스런 제안을 했다.

> **4 시추에이션 코미디 (situation comedy)란?**
>
> 방송의 한 장르로, 배경 무대와 등장인물은 똑같은데, 매회 방송 때마다 펼쳐지는 이야기가 다른 코미디 프로그램을 '시추에이션 코미디(situation comedy)'라고 해요. 줄임말로 '시트콤(sitcom)'이라고 하지요.

"마침 잘되었다. 이번 〈어린이 창작 동요 축제〉 특집을 장 PD 가족이 맡아서 진행해 봐."

"네에?"

엄마와 아빠는 놀라 동시에 되물었다.

"뭘 그리 놀라나? PD 엄마랑 AD 아빠, 그리고 FD 아들이 총출동해서 좋은 프로그램 하나 만들면 좋잖아. 아마 방송국 사상 처음 있는 아주 역사적인 일이 될 거야. 허허허."

졸지에 나는 'FD'라는 듣도 보도 못한 직책을 맡게 되었고, 엄마 아빠는 그런 나와 함께 한 달 뒤 방송 예정인 〈어린이 창작 동요 축제〉라는

특집 프로그램을 덜컥 맡게 되었다.

　엄마는 PD! 아빠는 AD! 나는 FD!

　이렇게 해서 우리는 방송 역사에 길이 남을 방송국 3D가족이 되었다.

　흥미진진! 화제 만발! 방송국 3D 가족의 무모한 도전을 기대하시라!

　채. 널. 고. 정!

방송 제작진

방송 하나 만드는 데 이렇게 많은 제작진들이 총출동?

방송국에서 하루에도 몇 번씩 듣는 말이 바로 '제작진 회의'예요. 그만큼 방송을 하는 데 제작진 회의가 중요하다는 말이지요.

각 분야의 전문가들은 하나하나가 반짝이는 귀한 구슬입니다. 전문가들의 반짝이는 능력과 재능을 하나로 모아야 좋은 프로그램을 만들 수 있답니다. 서 말의 흩어진 구슬을 하나하나 꿰는 일, 이것이 바로 '제작진 회의'랍니다. 1년에 딱 한 번 하는 특집 방송이든, 매일매일 하는 방송이든 하나의 프로그램을 만들기 위해서는 수많은 분야의 전문가들로 구성된 제작진이 필요해요. 한마디로 방송은 전문가들의 총출동이지요. 그렇다면 방송 프로그램을 만드는 데 얼마나 많은 제작진들이 필요할까요? 방송 제작에 필요한 제작진은 크게 연출부와 제작부로 나뉘어진답니다.

연출부

· **기획자(Producer)**: 방송 기획에서부터 제작, 편집, 홍보에 이르기까지 방송의 모든 제작 과정을 총괄 책임지는 사람.
· **연출자(Director)**: 프로그램 제작을 담당하는 사람. 우리가 흔히 말하는 PD.
· **조연출자(AD : Assistant Director)**: 연출자인 담당 PD가 연출에 전념할 수 있도록 도와주는 보조 PD.
· **FD(Floor Director)**: PD와 AD를 돕는 연출 보조.

· 작가: 프로그램 기획, 출연자 섭외, 참고 자료 수집 및 취재, 대본 등을 쓰는 사람.

제작부

· 기술 감독(Technical Director): 프로그램을 제작할 때 기술적인 부분을 모두 책임지는 사람으로, 카메라 · 음향 · 조명 등의 기술 제작진들을 지휘 감독하는 사람.
· 카메라 감독(Camera Director): 뛰어난 영상력과 구성으로 방송의 내용을 더욱 빛내 주는, 텔레비전 카메라를 다루는 사람.
· 음향 감독(Audio Director): 방송 제작에서 모든 음향을 책임지는 사람.
· 조명 감독(Light Director): 프로그램 내용과 형식에 맞는 조명 계획을 짜고, 그 계획에 맞추어 조명을 배치하고 감독하는 사람.
· 무대 디자이너(Set Designer): 프로그램 배경이 되는 무대의 디자인과 장치를 고안하는 사람.
· 특수 효과 담당: 프로그램에 필요한 연기나 눈과 비, 불꽃 등의 특수 효과를 담당하는 사람.
· 소품 담당: 프로그램에 나오는 작은 물건들 즉, 소품을 책임지는 사람.
· 편집 감독(Editing Director): 녹화된 원본 프로그램을 방송으로 내보낼 수 있게 편집하는 책임자.
· 문자 발생 요원: 화면에 나가는 자막의 형태와 모양, 색깔 등을 담당하는 사람.

이 밖에도 수없이 많은 제작진들이 총출동해야 하나의 프로그램이 만들어진답니다.

오늘은 첫 회의가 있는 날!

엄마는 평소 방송국에서 똑소리 나게 일 잘하기로 소문난 왕수다 작가 누나에게 이번 특집을 함께 일해 보자고 제안했고, 왕수다 누나 역시 예전부터 엄마와 꼭 한번 일해 보고 싶었다며 흔쾌히 승낙했다. 원래 방송국에서는 중심되는 작가를 '왕작가'라 부르곤 하는데, 이 누나는 성도 왕씨라서 이래저래 나도 '왕작가' 누나라고 부르게 되었다.

이렇게 이번 특집 방송을 함께 만들 제작진이 꾸려지고 처음 갖는 제작진 회의였다. 제작진은 크게 연출부와 제작부로 나뉘는데, 오늘은 그중 연출부(PD, AD, FD)와 작가들이 먼저 모여 프로그램의 밑그림을 잡는 회의를 한다고 했다.

모두 모이자 회의가 시작되었다.

"자, 자! 첫 회의를 시작하기에 앞서 소개할 사람이 있습니다. 우리 팀의 새로운 얼굴을 소개합니다~. 마, 진, 가~!"

FD 마진가 입니다.

두둥

아빠는 내가 무슨 동남아 순회 공연을 마치고 돌아온 가수라도 되는 것처럼 목청을 높여 소개했다. 팔까지 쭉 뻗어 나를 가리키며 말이다. 하여간 아들 망신 다 시킨다니까.

"안녕하세요? 오늘부터 이 팀 FD로 일하게 된 초딩 실습생 마진가입니다. 잘 부탁 드립니다."

예상은 했지만, 작가 누나들의 반응은 무척 뜨거웠다. 누나들의 박수와 함성, 그리고 나를 보는 눈빛만 봐도 딱 알 수 있었다.

'푸핫! 이놈의 인기는 방송국에서도 사그라질 줄을 몰라! 우후후~.'

나의 인사가 끝나자 본격적인 회의가 시작되었다. 그런데 이건 회의가 아니라 순전 수다 판이었다. 엄마 아빠와 작가 누나들은 찜질방에서 만난 아줌마들처럼 이 프로그램은 이러쿵, 저 프로그램은 저러쿵 하며 늘어지게 수다를 떠는 것이 아닌가.

"지난 주말에 방송한 〈천사들의 기부 쇼〉 봤어?"

"봤어 봤어! 와, '기부'라는 아이템으로 어떻게 그런 기발한 기획을 생각해 냈지?"

"맞아요! 역시 프로그램은 기획이 반이란 말이 딱 맞다니까요!"

"그러게. 사회자 캐스팅도 참 잘했더라. 진행을 매끄럽게 잘하던걸."

"근데 저는 중간에 들어간 영상은 조금 어색하던데요."

"맞아 맞아! 프로그램 흐름상 조금 튀었다고나 할까?"

그들의 수다는 사오정 입에서 끝도 없이 나오는 나방처럼 꼬리에 꼬리를 물고 이어졌다.

'아니, 대체 회의는 언제 하려고 이렇게 수다만 떠는 거야?'

보다 못한 나는 안 되겠다 싶어 용기를 내 외쳤다.

"회의 좀 합시다!"

회의실에 있던 사람들이 한꺼번에 나를 쳐다보았다. 이어 왕작가 누나가 말했다.

"지금 회의하고 있잖아."

"에이~ 회의는 무슨 회의예요? 아까부터 계속 이건 어쩌고 저건 어쩌고, 남의 프로그램 이야기만 했거든요!"

뭐가 웃긴지 내 말에 모두 웃음보를 터뜨렸다. 한참을 웃던 엄마가 설명을 해 주었다.

"진가야, '지피지기면 백전백승'이라는 말 알지?"

"네?"

나는 멍한 표정으로 되물었다.

"남을 알고 나를 알면 백번을 싸워도 백번 다 승리한다는 말처럼 다른 프로그램들을 평가하면서 어떤 점이 좋았고 아쉬웠는지, 함께 생각을 나누는 거야. 그러다 보면 우리가 만들고자 하는 프로그램은 어떤 식으로 만드는 것이 좋은지도 자연스럽게 이야기 나올 수 있거든. 이것이 바로 프로그램 기획[5]의 시작이야."

"아……."

허걱! 무식하면 용감하다는 말이 이럴 때 쓰라고 생긴 말인가 보다. 모르면 잠자코 가마니처럼 가만히나 있을걸 괜히 잘난 척 끼어들어 가지고 이런 대망신을 당하다니. 발가락까지 새빨개지는 것 같았다.

"아휴, 마징가 말도 맞아요. 우리가 남의 프로그램만 너무 길게 얘기했죠 뭘. 이제 진짜 본격적으로 특집 기획 회의 좀 해 보자고요."

왕작가 누나가 내 맘을 알아챘는지 내 편을 들어 주었다.

진짜 본격적인 회의에 들어가자 저마다 생각나는 아이디어를 주저 없이 쏟아내기 시작했다. 어떤 아이디어에는 깔깔깔 웃기도 하고, 어떤 아이디어에는 서로 목소리를 높이기도 하며 서로의 의견을 비빔밥처럼 잘 버무려 갔다.

[5] **방송 프로그램 기획이란?**

방송 프로그램을 만드는 데에도 다 순서가 있어요. 그 첫 단추가 바로 기획이랍니다. 방송가에서는 기획이 좋으면 프로그램의 반은 이미 성공한 것이라고 해요. 그만큼 기획이 중요하다는 의미예요.
프로그램의 기본 뼈대인 기획은 한마디로 말하면 시청자들에게 '어떤 이야기를 들려줄 것인가?'를 구체적으로 정리하는 것이라고 할 수 있어요.

방송 기획을 할 때 꼭 생각해야 할 7가지!

6 w	who 누가	누가 방송을 할 것인가? (사회자, 출연자)
	when 언제	언제 방송할 것인가? (방송 날짜, 시간)
	where 어디에서	어디에서 방송할 것인가? (스튜디오, 야외)
	whom 누구에게	누구에게 보여줄 것인가?
	what 무엇을	무엇을 보여줄 것인가?
	why 왜	왜 이 프로그램을 기획했는가?
1 h	how 어떻게	어떻게 표현할 것인가?

그렇게 해서 이번 〈어린이 창작 동요 축제〉의 기획 방향을 '하나 되는 잔치'로 잡았다. 지금까지 해 왔던 1등, 2등을 뽑는 경연 대회 형식이 아니라 참가한 팀들이 모두 하나 되어 즐길 수 있는 노래 잔치 형식으로 만들어 보자는 취지였다.

난 갑자기 삐딱한 생각이 삐죽 솟아올랐다.

"창작 동요제나 노래 자랑은 왜 꼭 노래 잘 부르는 사람들만 참가해야 하죠?"

사람들의 시선이 한꺼번에 나에게 쏠렸다.

'아차, 괜히 또 나선 거 아냐?'

중계차는 경기장, 공연장, 기자 회견장, 사건 현장 등 길이 있는 곳이면 어디라도 달려가서 방송을 해요. 한마디로 중계차는 '달리는 방송국'이라 할 수 있습니다. 20톤이 넘는 트럭에 열 대가 넘는 카메라에서부터 온갖 값비싼 방송 장비를 가득 싣고 온 세상을 누비지요.

달리는 방송국 위에 나는 방송국이라 할 수 있는 중계 헬리콥터도 있습니다. 하늘을 날며 땅 아래 펼쳐진 모습을 방송해요. 오색 단풍으로 뒤덮인 가을 산, 수많은 사람들이 참가한 마라톤 경기, 대형 사고 현장 등을 한눈에 보여 주는 작은 방송국이에요.

7 UCC (User Created Contents)

전문가가 아닌 일반인이 이윤을 얻기 위한 의도가 없이, 스스로 만들어서 블로그, 카페 등 인터넷에 올린 글이나 사진, 동영상을 말해요. 인터넷·디지털카메라·휴대 전화 등 정보 통신 분야가 발달함에 따라서 누구나 쉽게 UCC를 만들어 온라인에서 함께 공유할 수 있게 되었지요.

후회가 폭풍처럼 밀려왔지만, 이미 엎질러진 물, 떠나간 버스였다. 입을 열었으니 끝까지 말하는 수밖에.

"아니, 그러니까 제 말은…… 노래를 잘 부르는 사람만 나오는 게 아니라, 노래는 조금 못해도 노래를 정말 좋아하는 사람이라면 누구나 나올 수 있어야 진짜 하나되는 노래 잔치라고 생각해요."

내 말이 끝나기가 무섭게 엄마가 되물었다.

"예를 들면?"

"음, 예를 들면 음치들을 위한 노래 잔치라든가……."

나는 내가 말을 하면서도 '이거 너무 말도 안 되는 것 아닐까' 하는 생각이 들어서 말꼬리가 점점 흐려졌다. 그런데 결과는 예상 밖이었다.

"와! 진짜 괜찮은 생각이다! 중계차6 타고 지방에 있는 음치 어린이들을 직접 만나러 가는 건 어때?"

"아냐. 아예 우리나라뿐 아니라 전 세계 음치 어린이들을 모으면 더 재밌겠다."

"맞아요! 전 세계 아이들이 여기까지 올 수는 없으니까 UCC7를 이용해서 영상으로 참가하게 하면 어떨까요?"

036

"오~ 좋다! 그럼 제목은 '방방곡곡 씽씽 UCC 노래방'! 어때?"

눈 깜짝할 사이에 근사한 꼭지 하나가 완성되는 순간이었다. 놀라웠다. 무심코 뱉은 나의 엉뚱한 생각에 다른 사람들의 의견이 덧붙어서 멋지게 완성된다는 사실이 그저 놀라울 따름이었다.

처음엔 내 말을 듣고 남들이 비웃으면 어쩌나 걱정도 되고, 쑥스럽기도 해서 머뭇거리곤 했다. 그런데 자꾸 말을 하다 보니 점점 자신감이 생겨났다.

"오호! 진가가 우리 팀의 아이디어 창고네!"

모두들 내 덕분이라며 칭찬을 아끼지 않았다.

어느덧 회의실 벽시계는 밤 11시를 훌쩍 넘기고 있었다.

"이제 얼추 프로그램이 구성되었으니, 오늘 회의는 이것으로 끝!"

"좋아!"

프로그램의 밑그림이라 할 수 있는 '기획안'은 연출부에서, 또 프로그램의 뼈대라 할 수 있는 '구성안'은 작가 누나들이 만들기로 하고 마라톤 회의를 마무리했다.

늦은 밤, 회의실을 나서서 엄마와 나는 집으로, 아빠는 집이 아닌 편집실로 향했다. 엄마는 내 어깨를 툭 치며 말을 걸었다.

"어때? 방송국 일, 할 만해?"

"그, 그, 그럼!"

대답이 단박에 나오지는 않았다. 하루 종일 좁은 회의실에 죽치고 앉아 마라톤 회의를 하느라 진이 다 빠진 상태였기 때문이다.

"우리 아들, 완전 방송국 체질인데."

"우웩, 됐거든!"

두 번만 방송국 체질이었다가는 골병들기 딱이네. 아무래도 집에 굴러다니는 홍삼 맛 사탕이라도 챙겨 먹어야 할 것 같다. 에구에구 벌써부터 온몸이 찌릿찌릿 쑤셔 온다.

방송 PD

프로그램이라는 배를 진두지휘하는 선장

스탠바이 큐!

PD(Producer+Director)는 방송 프로그램 연출자를 일컫는 말로, 어떤 프로그램을 만들까 하는 기획부터 출연자의 연기 지도, 카메라 영상, 음향, 조명, 편집, 연출 등을 포함한 모든 제작 요소를 총괄 지시, 감독하는 역할을 해요. PD는 프로그램이라는 배가 목적지까지 잘 나아갈 수 있도록 진두지휘를 하는 선장인 셈이지요.

좋은 PD가 되려면 어떻게 해야 할까요?

PD는 남다른 아이디어로 새로운 프로그램을 기획하는 것이 가장 중요해요. 남과 비슷한 프로그램만 만들다 보면 금세 뒤처지는 PD가 되고 말거든요.

또 프로그램 제작은 결코 PD 혼자 힘으로 되는 것이 아니기 때문에 수많은 전문 제작진들과의 단단한 조화를 이루는 것도 필요합니다. 그런 의미에서 PD를 각양각색의 악기를 어울리게 하는 오케스트라의 지휘자에 비유하기도 해요.

PD는 다양한 분야의 책을 끊임없이 읽고, 되도록 많은 사람들을 만나 이야기를 나누어야 해요. 그래야 유행에 뒤처지지 않고, 폭넓은 지식과 사고를 갖게 되어 특별하고 멋진 프로그램을 제작할 수 있거든요.

그렇다면 PD는 구체적으로 어떤 일을 할까요?

- 방송 제작 전: 프로그램 기획, 출연자 섭외, 제작진 회의
- 방송 제작 중: 카메라 예행 연습, 녹화
- 방송 제작 후: 사전 편집, 종합 편집

그럼 PD의 종류에 대해 알아볼까요?

❶ CP (Chief Producer)

PD로 10년쯤 일하며 경력이 쌓이면 'PD들의 꽃'이라 불리는 CP가 될 수 있어요. CP는 프로그램을 맡은 PD들을 조율하고, 관리하며, 새로운 프로그램을 기획하는 사람이에요.

❷ PD (Produce Director)

시사·교양, 쇼·오락, 드라마, 보도, 스포츠, 라디오 등 장르에 따라 시사·교양 PD, 쇼·오락 예능 PD, 시트콤 PD, 코미디 PD, 보도 PD, 스포츠 PD, 라디오 PD 등이 있어요. 이 밖에도 프로그램을 편성하는 편성 PD, 다른 나라에 우리나라를 알리는 국제 방송 PD 등 이색적인 일을 하는 PD도 있어요.

❸ AD(Assistant Director)

병원에서 의사가 되기 전에 인턴과 레지던트 과정을 거치며 일을 배우는 것처럼, 방송국에서도 PD로 들어왔어도 바로 PD가 되는 것이 아니라 방송 장르에 따라 약 3~8년 정도 AD로 일한 뒤에야 PD가 될 수 있답니다. AD는 PD가 프로그램 연출에 전념할 수 있도록 모든 준비를 도우며 그 밑에서 연출 능력을 배우는 조연출자를 말해요. AD는 출연자와 장소 섭외부터 출연자와 제작진의 일정을 확인해서 촬영 및 편집 스케줄도 미리 잡아 두는 등 방송국에서 정말 많은 일을 해요.

❹ FD(Floor Director)

  말 그대로 해석하면 '무대 감독'이지만, 그런 뜻보다는 '연출 제작진 보조'를 뜻해요. FD의 주된 일은 PD와 AD를 도와 촬영 현장을 정리하고, 촬영을 원활하게 진행시키는 거예요. 자료 정리, 소품 챙기기 등 모든 잔심부름이 FD에게 돌아가요. 그렇기 때문에 FD는 분위기 파악도 빨라야 하고 순발력도 좋아야 해요. 수년 동안의 FD 과정을 거쳐 외주 제작 프로덕션이나 케이블 방송 등의 PD가 되는 경우도 많아요.

  특히 이 가운데 PD, AD, FD를 '방송국 3D 삼총사'라고 부른답니다. 이 삼총사의 손발이 척척 잘 맞아야 좋은 프로그램을 만들 수 있어요.

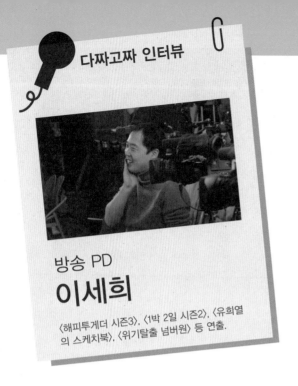

방송 PD
이세희
〈해피투게더 시즌3〉, 〈1박 2일 시즌2〉, 〈유희열
의 스케치북〉, 〈위기탈출 넘버원〉 등 연출.

두근

Q1. 아른아른 어린 시절 꿈은?

어린 시절 꿈은 PD가 아니었어요. 사실 PD가 뭔지도 몰랐죠. 제 어릴 적 꿈은 생물학자였습니다. 오랫동안 이어진 꿈이었는데, 고등학교 3학년 때 꿈이 사라지더군요. 대학교에 들어가서 마음이 이끄는 곳을 찾아다니다 보니 PD라는 직업에 이르게 되었어요.

Q2. 될 성 부른 나무 떡잎부터 알아본다?

전혀 그렇지 않았어요. PD라면 아주 융통성 있는 마음과 유연하고 창의적인 자세가 필요하지요. 제가 어렸을 때부터 그런 모습이었냐 하면 전혀 그렇지 않아요. 꽉 막힌 친구였다고 할까요? 지금도 옛날 친구들을 만나면 다들 지금의 제 모습에 놀라곤 합니다. 시간이 지나면서 꽉 막힌 성격들이 조금씩 변하면서 지금의 모습이 되었어요.

Q3. 그래, 결심했어! PD가 될 거야!

대학에 들어가 우연히 학교 방송국에 들어가게 되었는데 제겐 그곳이 별천지 같았어요. 잘하고도 싶었고요. 수업도 빼먹고 많은 시간을 학교 방송국에서 보냈습니다. 처음부터 잘하지는 못했지요. 그래도 몇 년 동안 그곳에서 열정을 바치고 나니 문득 방송에 익숙해진 내 자신을 발견하게 되더군요.

Q4. 이럴 때 내 일이 '정말' 좋아!

언젠가 신입사원이 들어와서는 제가 만든 프로그램에 대해 말하더군요. 오랫동안 웃음이 없으셨던 어머니께서 제가 만든 프로그램을 보고 웃으셨다고. 저는 예능 PD입니다. 제가 만든 프로그램을 본 시청자들이 행복하다면 그보다 더 큰 행복은 없지요.

Q5. PD라서 요건 '쪼끔' 괴로워!

항상 방송 생각에서 자유롭지 못하다는 점이 힘들어요. 한번쯤은 방송에서 벗어나 자유롭고 싶다는 생각도 들고요. 매주 방송을 만들어야 한다는 압박감, 예능 PD로서 그 굴레가 때로는 너무 무겁게 느껴집니다. 머리에 '일주일'이

것이 〈스펀지〉, 〈위기탈출〉, 〈상상플러스〉, 〈비타민〉 등입니다. 예능과 교양을 합쳐서 영역을 넓힌 것이지요. 지금의 방송 환경을 본다면 예능이 새롭게 도전할 분야는 어린이 프로그램이라고 생각합니다.

요즘 어린이들은 어린이 프로그램을 거의 보지 않지요. 어른 드라마를 보고, 어른 버라이어티를 봅니다. 정말로 어린이들이 좋아할 수 있는 어린이 버라이어티를 제작해 보고 싶습니다.

라는 돌덩어리를 매고 다니는 셈이랄까요? 그 돌덩어리는 일주일에 한 번 도는데, 그때마다 갈고 닦아 줘야 아래에 있는 사람을 누르지 않습니다. 성의 있게 닦지 않아도 화를 냅니다. 그 돌덩어리가 밉기도 하지만 잘 닦으면 많은 사람들이 좋아해 준답니다.

Q6. PD들은 방송을 안 할 땐 뭘 하나요?

열심히 놀아요. 평범한 사람들처럼. 하지만 놀다가 생긴 일들, 놀다가 만난 사람들, 놀다가 발견한 재미있는 놀이, 놀다가 실수한 일들을 모아서 방송에 내보내지요. 그래서 PD들은 놀다가 방송하고 방송하다 논다고 할 수 있습니다. 놀 때도 방송을 생각한다고 하니 조금은 불쌍하지만, 방송하면서 놀 수도 있다니 그건 좋겠지요? 그래서 많은 사람들이 PD가 되고 싶어하는 것 같아요.

Q7. 앞으로 꼭 만들어 보고 싶은 방송 프로그램은?

어린이 프로그램을 만들어 보고 싶어요. 현재 예능 프로그램들이 본격적으로 고민하지 않은 영역이 어린이 프로그램이기 때문입니다. 예능 PD들이 교양 프로그램을 만든

Q8. PD가 되고 싶다면, 나처럼 해 봐!

다른 사람의 생각을 존중해 주세요. 남을 존중할 줄 알아야 자신의 생각이 존중받습니다.

또 항상 새로운 생각을 해 보세요. '이런 건 어떨까?' 하고 말이죠. 삐딱한 생각도 괜찮아요. 그리고 주위에 그런 생각을 하는 친구들을 칭찬해 주고 또 칭찬받으세요.

마지막으로, 스스로 판단해야 합니다. 어려운 일이 닥쳤을 때 자신이 스스로 책임지는 자세가 필요해요. 이런 자세는 꼭 PD가 아니라 어떤 일을 하더라도 큰 도움이 될 거예요.

Q9. PD를 꿈꾸는 어린이들에게 꼭 해 주고 싶은 말이 있다면?

자신이 좋아서 하는 일을 하세요. 누가 좋다고 해서 시작한 일은 행복을 가져다주지 않습니다. 자신이 좋아하는 일을 열심히, 지독히 열심히 하세요. 그러면 여러분도 자기가 좋아하는 일을 하며 행복해질 겁니다.

 # s#. 5 지금은 섭외 전쟁 중

〈어린이 창작 동요 축제〉의 기획안이 무사히 통과되었다.[8]

기획안이 통과되자 우리 팀은 일사불란하게 움직이기 시작했다. 엄마와 아빠는 다른 제작진과 만나 이번 특집에 관한 회의와 갖가지 일정을 계획했고, 작가 누나들은 좀 더 재미있는 프로그램을 만들기 위한 자료 조사도 하고 참가 신청자와 연예인 출연자를 섭외하느라 바빴다.

그런데 문제가 생겼다.

이번 특집 방송을 이끌어 갈 사회자로 요즘 최고의 인기 개그맨 유재식 아저씨를 섭외하기로 했는데, 작가 누나들이 며칠 동안 유재식 아저씨의 매니저에게 전화를 해 보아도 바쁜 일정을 이유로 출연을 거절했다는 것이다.

"짱PD님 이 일을 어쩌죠? 이번 특집은 유재식이 가장 잘 어울리기는 하는

[8] 기획안 통과하기란 낙타가 바늘 구멍 통과하기?

PD나 작가가 기획안만 제출하면 뚝딱뚝딱 방송 프로그램을 만들 수 있는 게 아니에요. 제작진이 함께 머리를 맞대고 기획 회의를 해 기획안을 만들면, 그것을 부서 국장에서부터 사장까지 그 기획안을 검토해 보고 방송 프로그램으로 제작을 할 것인지 말 것인지 결정해요.

데⋯⋯."

작가 누나들의 말에 옆에 있던 아빠가 인상을 잔뜩 찌푸리며 신경질을 부렸다.

"섭외에 살고, 섭외에 죽는 게 진정 PD의 인생이란 말인가! 정말 PD 못해 먹겠구먼. 안 그래요?"

"⋯⋯."

엄마는 심각한 표정으로 한참을 고민하더니 입을 열었다.

"아무리 생각해도 이번 특집은 유재식이 딱이야!"

"유재식이 못하겠다잖아요. 이럴 땐 영화 팀이나 드라마팀처럼 섭외만 전문으로 해 주는 캐스팅 디렉터[9]가 있으면 얼마나 좋아. 그렇죠, 선배님?"

그러자 잠자코 있던 엄마가 아빠를 도끼눈으로 째려보며 쏘아붙였다.

"당신! 우리 제작비 형편에 캐스팅 디렉터를 어떻게 써요? 으이구, 그러니까 만년 AD 소리 듣는 거 아니에욧!"

갑작스런 엄마의 불호령에 아빠는 머쓱해진 듯 애꿏은 머리만 긁적거렸다.

[9] **캐스팅 디렉터 (Casting Director)**
캐스팅 디렉터란 영화, 광고, 방송 등에 출연할 인물을 전문적으로 섭외하는 사람을 말해요. 원래는 영화나 광고계에서 많이 활동하던 캐스팅 디렉터들이 점점 방송계로도 활동 영역을 넓혀 가고 있어요. 특히 드라마팀에서 캐스팅 디렉터의 역할이 커지고 있어요. 드라마 제작에 들어가기 전, 감독과 함께 등장 인물 캐릭터를 함께 분석하는 작업에서부터, 출연 배우 오디션 진행 및 후보 확정, 캐스팅 때 출연료 협상과 계약, 드라마 촬영이 끝날 때까지 출연자와 관련된 모든 스케줄 조정 등을 관리·책임지는 전문가랍니다. 캐스팅 디렉터는 무엇보다 다양한 분야의 사람들을 많이 알고 있어야 해요. 또 캐스팅할 인물에 대한 정보를 많이 알고 있어야 해요. 정보력이야말로 캐스팅 디렉터의 능력을 가늠하는 척도라고 할 수 있지요.

"이러고 있을 때가 아냐. 유재식, 내가 섭외해 볼게."

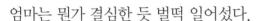

막중한 임무를 맡게 된 엄마는 하루 종일 전화통을 붙잡고 씨름을 했다. 하지만 결과는 좋지 않은 것 같았다. 처음엔 상냥하던 엄마의 목소리가 전화를 끊을 때마다 점점 힘이 빠져 개미 목소리가 되어 갔다.

엄마는 뭔가 결심한 듯 벌떡 일어섰다.

"내가 웬만하면 이 방법까지는 안 쓰려고 했는데 안 되겠어, 십고초려 작전을 쓰는 수밖에!"

엄마는 가방을 챙겨 휭하니 방송국을 나섰다.

"십고초려…… 작전?"

유비가 제갈공명에게 도움을 청하러 세 번을 찾아갔다는 '삼고초려'는 들어 봤어도, '십고초려'란 말은 난생처음 듣는 말이었다. 나는 엄마의 뒷모습을 바라보며 고개를 갸우뚱했다. 그러자 옆에 있던 막내 작가 누나가 찡긋 웃으며 말했다.

"방송국에서 짱PD님의 십고초려 작전을 모르면 간첩이야. 짱PD님은 한 번 찍은 출연자는 열 번이라도 찾아가서 섭외해 오거든. 그게 바로 십고초려 작전이야."

싫다고 하는 사람에게 열 번씩이나 찾아가 설득하기가 어디 말처럼 쉬운 일인가!

'건망증 여사한테 저런 배짱도 있었나?'

엄마의 신발은 불이 났다. 유재식 아저씨가 있는 곳이라면 어디라도 마다하지 않고 쫓아가 출연을 부탁했다. 다른 방송국 촬영장으로, 메이크업을 받는 미용실로, 평소 운동을 하러 다닌다는 스포츠 센터로……. 그때마다 매니저에게 돌아오는 대답은 똑같았다.

"장 PD님, 저희도 웬만하면 정말 출연하고 싶어요. 재식이 형이 어린이들 좋아하는 것 아시잖아요. 근데 재식이 형 일정이 연말까지 이미 꽉 차 있다니까요."

하지만 여기서 물러설 엄마가 아니었다. 그날 밤 엄마는 직접 만나 담판을 짓겠다며 유재식 아저씨 집 앞에서 죽치고 있겠다고 나섰다. 자기가 무슨 잠복근무하는 형사라도 되는 것처럼 유재식 아저씨네 집 앞에서 밤새 아저씨를 기다리겠단다. 물론 손에는 수갑 대신 한우 갈비 상자를 들고서 말이다.

그날 밤 엄마는 정말 잠복근무를 했다.

다음 날 아침, 아빠와 나는 평소보다 1시간이나 빨리 방송국에 출근했다.

때마침 엄마도 사무실 소파에서 부스스 일어났다. 눈 밑 다크서클이 어깨까지 내려온 모양새가 꼭 동물원에서 탈출한 팬더 같았다. 그런 엄마를 아빠는 무척 안쓰러워했다.

"당신 아니, 선배님! 꼴이 그게 뭡니까? 쪽잠이라도 집에서 자야 편하죠."

"엄마! 근데 유재식 아저씨는?"

엄마는 내 질문에 대답 대신 갈비 상자를 흔들며 딴소리를 했다.

"오늘 저녁 간만에 우리 가족 한우 갈비 파티다!"

'유재식 아저씨에게 들고 갔던 걸 왜……?'

사연을 들어 보니 이랬다.

새벽녘이 다 되어서야 유재식 아저씨가 집에 돌아왔단다. 밤새 기다리던 엄마는 재빨리 갈비 상자를 들고 막 뛰어나가려고 했는데, 피곤에 지쳐 파김치가 된 유재식 아저씨의 모습을 보니 갑자기 가슴이 찡~ 해지더라는 것이다. 그래서 그길로 말없이 뒤돌아왔다는 거다. 결과적으로 섭외 실패!

"아휴, 난 결정적인 순간에 마음이 약해져서 탈이라니까."

난 막연하게 PD나 작가가 전화 한 통만 하면 연예인들은 '얼쑤 좋다' 하며 넙죽 프로그램에 출연하는 줄 알았다. 그런데 섭외가 이렇게 힘들고 어려울 줄이야![10]

가만히 듣고 있던 아빠는 뭔가 믿는 구석이라도 있는 듯 불쑥 나섰다.

"짱 선배! 제가 유재식 섭외해 보겠습니다."

일 잘하기로 소문난 엄마의 '십고초려 작전'으로도 실패한 섭외를 어찌 어리바리하기로 소문난 아빠가 성공

[10] 방송국은 지금 섭외 전쟁 중!

아무리 좋은 기획안이라도 프로그램에 나와 줄 출연자가 섭외되지 않으면 말짱 도루묵! 바야흐로 방송국은 지금 섭외 전쟁 중이랍니다. 프로그램을 빛내 줄 출연자 수는 한정되어 있는데, 각 프로그램마다 서로 좋은 출연자를 섭외하려고 안간힘을 쓰니 그야말로 출연자 모시기 전쟁이 따로 없지요. 오죽하면 PD의 능력도 '섭외', 작가의 능력도 '섭외'라는 말이 나오겠어요. 영화나 드라마 쪽에서는 그런 현상이 더욱 심해서 출연자 섭외를 전문으로 하는 캐스팅 디렉터가 따로 있답니다.

하겠는가. 이건 내 수학 성적을 보듯 보나마나 뻔한 일이었다. 난 말리고 싶었다. 하지만 그러기엔 아빠의 표정이 너무나도 자신만만했다.

아빠가 나를 끌고 냉큼 달려간 곳은 한창 열띤 회의를 벌이고 있는 어느 드라마 촬영장!

드라마 스튜디오 촬영이 막 끝나 제작진들이 촬영장을 빠져나가고 있었다. 두리번거리던 아빠는 다짜고짜 모자를 푹 눌러쓴 어떤 누나를 붙들고 하소연을 늘어놓기 시작했다. 하소연의 요점은 '유재식을 섭외할 수 있는 비법'을 알려 달라는 것이었다.

"마 선배, 나 지금 무지 바빠! 이번에 들어갈 드라마 출연자 섭외 계획 짜러 가야 한단 말이야."[11]

"야! 오디선! 너 계획 짜는 동안 나 관 짜게 생겼다니까! 나 딱 한 번만 살려 주라."

아빠는 애걸복걸하며 그 누나에게 매달렸다.

'개그맨 유재식 아저씨 섭외하는 데 드라마 촬영장에는 왜 온 거야?'

'대체 저 누나의 정체가 뭐기에?'

내 머릿속은 온통 물음표투성이가 되어 버렸다.

그 정체불명의 누나는 아빠의 끈질긴 애걸복걸 작전 끝에 유재식 아저씨

[11] 새로운 드라마에 들어가기 전 드라마에 나오는 등장인물들의 성격이나 특징을 분석해서 그에 딱 맞는 출연자들을 골라 섭외하는 과정이에요.

섭외 비법을 말해 주었다.

"졌다, 졌어, 내가 선배니까 특별히 알려 주는 줄 알아."

"크아~ 역시 오디선, 넌 진정한 섭외 고수야!"

오디선 누나는 가방에서 손때가 묻은 두툼한 수첩을 꺼내 뒤적뒤적했다. 캐스팅 고수라는 오디선 누나의 손바닥만 한 수첩 안을 힐끗 들여다보니 깨알 같은 글씨로 온갖 연예인들에 대한 메모와 촬영 스케줄이 빼곡히 적혀 있었다.

"유재식 섭외의 비법은 마음이야."

"뭐, 마음? 그게 무슨 섭외 비법이냐?"

"원래 사람이 하는 일은 모두 마음이 움직여서 하는 일이잖아. 내 믿을 만한 소식통에 의하면 유재식은 특히나 일할 때 마음이 통하는가를 가장 중요하게 생각한대. 아무리 출연료 많이 준다고 해도 마음이 안 통하면 절대 일 안 하기로 유명해."

"아, 그렇구나! 그럼 유재식 마음을 어떻게 움직이지?"

"그거야 이제 선배가 하기에 달린 거지."

누나는 또 한 번 수첩을 살펴보더니, 유재식 아저씨의 촬영 일정표를 보여 주며 말했다.

"일단 지금 당장 촬영장에 가 봐. 오늘 엄청 힘든 촬영한대. 가서 마음으로 힘내라고 응원해 주고 와. 혹시 알아? 마음이 통할지."

아빠와 내가 고개를 갸우뚱하며 돌아서는데, 누나가 한마디 덧붙였다.

"혹시 해서 하는 말인데, 유재식은 채식주의자니까 고기 같은 거 사 들고 가지 마. 아참, 복숭아도! 복숭아 알레르기 심하거든."

아빠는 소품실에 잠깐 들러 뭔가를 챙겨 들고는 곧장 유재식 아저씨의 촬영장으로 향했다.

"아빠, 아까 만난 누나는 정체가 뭐야?"

"정체라니?"

"그 누나 꼭 스파이 같아. 유재식 아저씨에 대해서 시시콜콜 모르는 게 하나도 없잖아."

아빠는 껄껄껄 웃으며 누나의 정체에 대해 말해 주었다.

"그 누나는 스파이가 아니라 출연자 섭외만 전문으로 하는 캐스팅 디렉터야. 아무리 섭외가 어려운 출연자도 그 누나가 점찍었다 하면 무조건 섭외 오케이지!"

출연자 섭외만 전문적으로 하는 직업이 따로 있다고? 별 특이한 직업도 다 있네.

〈무모한 도전〉이라는 프로그램 야외 촬영 현장에 도착했다.

유재식 아저씨는 다른 동료 연예인들과 함께 살수차가 뿌려 대는 억수 같은 비를 맞으며 촬영을 하고 있었다. 유재식 아저씨는 촬영 중간 중간 우리를 힐끔힐끔 쳐다보곤 했다.

아빠와 나는 촬영이 끝나기를 무작정 기다렸다. 기다림은 지루하고 한편으로는 초조했다.

촬영이 끝나자마자 유재석 아저씨는 두꺼운 이불을 뒤집어썼다. 몇 시간 동안 비를 맞은 터라 온몸을 덜덜 떨고 있었다.

"저…… 추우실 텐데 이거라도……. 흐흐흐."

아빠는 어떻게 알고 가져왔는지 주머니에서 작은 손난로와 사탕 2개를 꺼내 유재석 아저씨 손에 쥐여 주고는 어색한 듯 웃으며 말을 건넸다. 유재석 아저씨는 손난로와 사탕을 받으며 묘한 표정으로 아빠의 얼굴을 바라보았다.

'엄마처럼 비싼 선물은 못 사 올망정 한여름에 웬 손난로랑 사탕? 암튼 생뚱맞기는…….'

이대로는 안 되겠다 싶어 내가 잽싸게 끼어들었다.

"아저씨, 안녕하세요? 저는 와방초등학교 5학년 마진가예요. 저는 아저씨 왕 팬이에요. 우리 학교에서도 아저씨 인기가 제일 짱이고요. 아저씨도 우리 어린이들을 엄청 좋아한다고 들었어요. 맞죠? 맞죠?"

"어? 그, 그, 그럼."

"그래서 아저씨는 아무리 바빠도 어린이 프로그램은 꼭 출연하신다면서요? 그렇죠? 그렇죠?"

"아니 뭐, 꼭 그런 건……."

"아참! 그럼 이번 〈어린이 창작 동요 축제〉에도 출연하시겠네요. 뭘로 출연하시는 거예요?"

"그, 그러니까 그게 진행을 하라고는 하는데……."

"역시 그렇구나. 아저씨는 진행할 때가 제일 멋져요. 세상에 아저씨처럼 어린이를 사랑하는 멋진 어른이 많았으면 좋겠어요. 아무튼 이번 〈어린이 창작 동요 축제〉를 진행하시는 모습 꼭 챙겨 볼게요."

나는 속사포처럼 말을 쏟아 낸 다음, 최대한 애처로우면서도 간절한 눈빛 연기로 아저씨의 마음을 단단히 묶어 두었다. 잠시 뒤 아저씨는 웃음보를 터뜨리며 말했다.

"우하하하! 그 녀석 연기 참 잘하네. 에라, 모르겠다. 마봉추 PD

님! 특집, 합시다!"

옆에 있던 매니저가 화들짝 놀라자, 유재식 아저씨는 특집 방송 날 다른 일정은 무조건 비우라고 했다.

앗싸! 이게 꿈이야, 생시야?

돌아오는 길에 난 아빠에게 물었다.

"아빠! 이 더위에 손난로는 왜 가져갔던 거야? 사탕은 또 뭐고?"

"흐흐. 촬영장 가기 전에 매니저한테 유재식 씨 일정을 물어보니까, 비 맞는 장면을 촬영한다고 하더라고. 그래서 유재식 씨 추울까 봐 소품실에서 챙겨 갔지. 한여름에도 비를 그렇게 많이 맞으면 뼛속까지 춥거든. 사탕은 목 아플 것 같아서."

'아! 아빠의 따뜻한 마음이 통한 걸까?'

순간 이런 생각이 스쳤다.

영웅이 되는 건 정말 한순간이었다.

엄마의 십고초려 작전도 안 통하던 유재식 아저씨를 어리바리 아빠가 단번에 섭외해 오자 우리 팀, 아니 예능국 전체의 영웅으로 급부상했다. 어리바리 아빠가 영웅이 되어 돌아오자 가장 기뻐한 건 바로 엄마였다. 엄마의 어깨에 유난히 힘이 들어가 보였다.

아빠는 나의 탁월한(?) 연기력 덕분이라며 나를 치켜세웠지만, 나는 알고 있다. 내가 말을 건네기 전에 유재식 아저씨의 눈빛이 이미 흔들리고 있었다는 걸.

아니나 다를까, 나중에 특집 방송이 끝나고 뒤풀이 자리에서 유재식 아저씨가 내게 음료수를 권하며 귓속말을 했다.

"나를 만나러 온 날, 네 연기 어설펐지만 참 귀엽더라. 하지만 그날 마봉추 PD가 아니었으면 아마 끝까지 출연하지 않았을지 몰라."

"네? 아빠가 어쨌는데요?"

나는 두 눈을 동그랗게 뜨고 되물었다.

"다른 PD들은 나를 연예인으로만 대하는데 그날 마봉추 PD는 나를 사람으로 대하더라고. 오돌오돌 떨고 있는 나한테 슬그머니 손난로랑 사탕을 건네는데, 와~ 마음이 찌릿하더라고. 작지만 마음 따뜻한 선물이었어. 아무튼

그 순간 이런 PD라면 함께 일하고 싶다 뭐 이런 생각이 들었지. 마봉추 PD
는 아마 앞으로 좋은 프로그램 만들 거야."

무슨 말인지 깊은 의미까지는 잘 모르겠지만, 아빠가 최소한 두 사람의 마
음을 감동시킨 건 분명하다. 유개식 아저씨 그리고 나.

사회자

복잡한 무대 위의 '교통경찰'

삐 약

하루 종일 수많은 차들이 지나다니는 사거리!

만약 갑자기 신호등이 고장 나 교통 신호가 제멋대로 작동한다면 어떻게 될까요? 서로 내가 먼저 가겠다는 차들로 뒤엉켜 교통은 순식간에 엉망이 되고, 아수라장이 되겠지요. 이럴 때 필요한 사람이 바로 교통경찰이지요.

사거리 한복판에 등장한 교통경찰이 도로 상황을 빠르게 파악하고, 어떤 순서로 정리할지 정확하게 판단한 다음, 멋진 손놀림으로 교통정리를 하면 제아무리 뒤죽박죽된 도로도 금세 원래대로 돌아가요.

이처럼 방송 무대 위에도 교통경찰이 있어요. 바로 '사회자'랍니다.

사회자는 프로그램의 성격과 의도를 잘 파악하고, 방송의 흐름을 잃지 않으면서도 재미와 감동까지 전해 주는 역할을 해요.

대표적인 사회자로 아나운서(Announcer)가 있지요. 아나운서는 영어로 '소식을 알리다, 큰 소리로 알리다'라는 뜻의 'announce'에서 나온 말이에요.

아나운서는 뉴스를 전달하는 사람으로 알려졌지만, 오늘날 아나운서는 뉴스뿐 아니라 각종 프로그램을 진행하는 등 날이 갈수록 그 활동 영역이 넓어지고 있답니다. 그래서 뉴스 앵커, 스포츠 캐스터, 쇼·오락 진행자, DJ, VJ, 리포터, 내레이터로 활약할 뿐 아니라 우리말 관련 프로그램 등을 직접 제작하기도 해요.

또 하나의 대표적인 사회자는 우리가 흔히 말하는 MC예요. 교양이나 쇼·오락 프로그램에서 사회를 맡아 방송 진행을 하는 사람을 말해요. 대체적으로 사회자는 개그맨, 가수 등 연예인이나 전문 사회자처럼 프리랜서가 많아요.

사회자는 '무대 위의 연출자'라고도 할 만큼 방송 진행 중 신경 써야 할 것들이 한 두 가지가 아니랍니다. 그래서 방송 내내 육체적으로나 정신적으로 엄청난 긴장감과 부담을 갖고 있어요. 물론 카메라 앞에선 절대 티를 내는 법이 없지요.

방송은 언제 어떤 돌발 상황이 일어날지 몰라요. 그러니 사회자는 돌발 상황에 대처할 수 있는 순발력이 뛰어나야 해요. 그래야 프로그램의 흐름을 잃지 않거든요. 또 남다른 유머 감각과 재치, 감성으로 시청자들의 마음을 사로잡을 수 있어야 해요. 점점 더 다양해지는 프로그램 성격에 맞춰 다방면의 해박한 지식을 갖추는 것도 게을리하면 안 돼요.

뭐니 뭐니 해도 사회자는 바른 말, 고운 말, 표준말 등을 풍부하게 알고, 자유자재로 쓰는 것이 가장 중요해요. 그러기 위해서는 평소 다양한 분야의 책을 많이 읽고, 표준말 공부도 꾸준히 해야 해요. 또 방송을 통해 말을 전달하는 직업이기 때문에 정확한 발음 연습과 발성 연습을 해 두는 것이 좋겠지요?

ON-AIR

다짜고짜 인터뷰

KBS 아나운서
정세진

Q1. 아른아른 어린 시절 꿈은?

초등학교 때는 피아니스트를 꿈꿨습니다. 그러다 중학생이 됐을 때 텔레비전에서 우연히 〈여기자 세계 일주〉라는 프로그램을 보게 됐습니다. 여기자가 해외 곳곳을 돌아다니며, 그곳의 문화를 소개하는 프로그램이었어요. 나도 커서 저렇게 세상 곳곳의 사람들을 만나면 재밌겠다는 생각이 들었습니다. 그때부터 방송에 관심을 갖게 되었지요.

Q2. 될 성 부른 나무 떡잎부터 알아본다?

피아노 경연 대회 때, 무대 위에 올라가면 기분이 좋았습니다. 가족들과 여름에 피서를 갈 때면, 언제나 앞에 나가 노래를 불렀던 추억도 있고요. 뭐든 앞에서 이끄는 것을 좋아했어요.

Q3. 그래, 결심했어! 아나운서가 될 거야!

〈여기자 세계 일주〉를 본 뒤부터 방송에 관심을 가졌는데, 어느 순간부터는 9시 뉴스 앵커만 눈에 들어오더라고요. 보면서 따라 하기도 하고, 참 멋있고 의미 있는 직업이라고 생각했어요. 그러다 대학교 4학년 때, 내가 예전에 무엇을 하고 싶어했는지 되돌아보게 됐습니다. 그때 아나운서가 떠오르더군요.

하지만 처음 본 아나운서 시험에서 1차에서 바로 떨어졌죠. 열심히 준비하고 공부하고 온 사람들이 1,500명이나 있었습니다. 자신감 하나만 믿고 도전했으니 떨어졌죠. 이불 뒤집어쓰고 엉엉 울었습니다. 그 뒤 1년 동안 정말 열심히 공부해서 붙었을 때는 정말 기뻐서 눈물이 주루룩 흘렀답니다.

Q4. 이럴 때 내 일이 '정말' 좋아!

세상 곳곳에서 일어나는 일들을 전하는 것이 가장 흥미롭습니다. 다양한 사람들을 만나 그의 삶에 대해 직접 얘기를 들을 수 있다는 점도 좋았고요. 또 아나운서가 되면 방송을 통해 다양한 경험을 할 수 있어요.

또 월드컵이나, 아시아태평양경제협력체(APEC) 회의 등 국가적으로 큰 행사가 있을 때 현장에서 뉴스를 진행하는 즐거움도 큽니다. 2002년 월드컵 당시 뉴스를 진행할 때는 우리나라가 질 경우, 이길 경우, 비길 경우 등 여러 상황에 대비해 할 말을 준비하느라 힘들었지만, 생동감 넘치고 짜릿한 순간들이었습니다.

Q5. 아나운서라서 요건 '쪼끔' 괴로워!

신입 사원 때 한강에서 수상 스키를 타야 할 일이 있었어요. 그때가 3, 4월쯤이었습니다. 한 번도 타 본 적이 없고, 물도 차가웠지만 방송을 위해 해야만 했죠. 수영을 잘하는 편이었지만, 워낙 물이 깊고 물속이 캄캄해서 굉장히 놀랐어요. 그래도 될 때까지 촬영을 했죠. 너무 힘들었지만, 방송은 어떻게든 해야 하니까 이를 악물었던 기억이 있습니다.

그리고 라디오 뉴스를 진행할 때는 초침을 잘 봐야 합니다. 신입 시절에 5분 뉴스를 진행하는데, 원고를 다 읽었는데도 30초가 남더라고요. 저는 30초 정도야 금방 가겠지 싶어 가만히 있었습니다. 스튜디오 밖에서는 비상벨이 울리고 난리가 났죠. 라디오 방송에서 5초간 소리가 안 나가면 방송 사고거든요.

9시 뉴스를 진행할 때 가장 아찔한 순간은 원고를 옆에 두고도 못 찾을 때입니다. 화면 가득 제 얼굴이 나오는데, 원고를 못 찾는 바람에 한 8초 동안 아무 말 없이 고개를 숙이고 원고를 찾는 모습이 그대로 나간 적이 있습니다. 지금 생각해도 아찔한 순간이었습니다.

Q6. 아나운서가 되고 싶다면, 나처럼 해 봐!

중학교 때부터 저는 신문을 소리 내어 읽었습니다. 하루에 적어도 하나씩 칼럼이나 기사를 읽으면서 연습을 했는데, 아나운서가 되는 데 도움이 되었다고 생각합니다.

녹음을 해서 내 목소리를 들어 보고, 다른 사람에게 들려줘 보세요. 어떤 발음이 잘 안 들리는지 확인해 볼 수 있으니까요.

저는 다른 사람 이야기를 듣는 연습을 많이 했습니다. 고개를 끄덕여 주고, 눈을 마주치고, 적절한 추임새를 넣어 주는 거죠. 그러면서 그에 맞는 질문을 해 나가는 연습을 했어요.

책을 읽거나 실제 경험을 통해서 얘깃거리를 많이 찾는 연습도 필요해요. 신문이나 인터넷 기사 등을 정리해 두거나,

책을 읽을 때 좋은 글이 있으면 따로 노트를 만들어 적어 놓는 것도 아나운서가 되기 위한 첫걸음이 될 수 있다고 생각해요.

Q7. 아나운서를 꿈꾸는 어린이들에게 꼭 해 주고 싶은 말이 있다면?

어떤 직업이든 쉬운 직업은 없습니다. 부단히 노력해야 하고 준비해야 합니다. 특히 아나운서는 시청자와 가장 가깝게 만나는 방송인입니다. 다양한 시청자들과 마주하기 위해서는 그 사람들의 삶과 생각을 이해하려는 노력이 필요합니다. 그러기 위해서는 다양한 경험을 쌓는 것이, 시험 준비보다 먼저라고 생각해요. 자신을 자랑하려고 방송에 나오는 것이 아니라, 다른 사람을 돋보이게 하기 위해 내가 있는 것이라는 마음이 아나운서로서 가장 중요하다고 생각합니다.

사회자
김제동

것을 계기로 윤도현 씨가 진행하던 〈러브레터〉에서 방송 전 사전 사회자를 맡았다가, 반응이 좋아서 중간에 한 꼭지를 맡게 된 거예요.

거창하게 꿈을 꾼 것은 아니고 순간순간 좋아하는 일을 하면서 온 거죠. 그러다 보니 자연스레 그렇게 된 거 같아요. 저도 잘 안 믿겨질 때가 있어요.

Q3. 이럴 때 내 일이 '정말' 좋아!

사람들이 웃어 줄 때 가장 즐겁죠. 대인기피증 같은 게 있던 분이 제가 하는 이야기를 듣고 요즘 증세도 많이 나아지고 직업도 갖게 됐다고 하셨어요. 그런 얘기를 들었을 때는 스스로 보람을 느껴요. 그분한테 오히려 고마웠어요. 일이 힘들고 지칠 때 그게 큰 힘이거든요. 물론 몇 천 명이 한꺼번에 웃었을 때는 사회자로서 몸에 소름이 돋죠. 그런 경험을 안 해 본 사람은 이해할 수 없죠.

> 감사합니다 여러분‥

Q1. 아른아른 어린 시절 꿈은?

저는 원래 선생님이 되는 게 꿈이었어요. 선생님의 분필 소리가 그렇게 좋더라고요. '아빠 없는 사람 손들어.' 이런 것을 교실에서 안 하고 아이들하고 일대일로 했으면 좋겠다는 생각을 했는데 실제로 그렇게 하시는 선생님이 많았어요. 그런 분들을 보면서 저런 선생님처럼 돼야지 그런 생각을 했어요. 그때는 연예인은 아예 꿈꿀 수도 없었고 꾸지도 않았어요. 별로 관심이 없었죠.

Q2. 그래, 결심했어! 사회자가 될 거야!

사회자가 되겠다고 결심한 계기 같은 것은 없어요. 대학 때 신입생 환영회 사회를 봐 달라고 해서 예쁜 여학생한테 잘 보이고 싶어서 나갔죠. 그러다 입소문이 나서 다른 학교 행사 사회도 봤고, 거기서 윤도현 밴드를 만났어요. 그

Q4. 사회자라서 요건 '쪼끔' 괴로워!

끊임없이 웃겨야 한다는 것이죠. 사람들이 웃지 않을 때, 별로라는 표정을 지을 때는 쥐구멍에 숨고 싶죠. 부끄러워서 마이크를 놓자마자 빠져 나온 때도 있어요.

무대에 섰을 때 개인적인 감정을 감춰야 하는 것도 괴로워요. 아버지 제사가 있는 날도 무대에 올라가면 웃겨야 했으니까요.

Q5. 방송 사회자가 되려면 이 정도는?

사람들의 이야기를 듣고 나의 이야기를 들려주고 싶다는 마음, 사람들을 좋아하는 마음, 이런 마음이 중요해요. 좋아하는 사람과 싫어하는 사람이 있을 수는 있죠. 하지만 무대에서 마이크를 잡고 있는 사람은 그 앞에 있는 사람들을 무조건 좋아해야 합니다. 책을 읽고 무대 공포증을 극복하고 이런 것들은 나중에 생각해 볼 문제예요. 근본적으로 사람의 가치에 대해서 소중하게 생각하지 않고서는 사회자가 될 수 없습니다. 더 많은 사람들 앞에 서고 싶다면, 더 많은 사람들을 사랑하도록 노력해야 하는 거겠죠.

Q6. 사회자란 어떤 역할을 하는 사람이라고 생각하나요?

집주인이 되는 겁니다. 그래서 나를 찾아온 손님들을 신나게 만들어 주는 사람, 손님들이 잘 놀 수 있도록 멍석을 깔아 주는 사람이죠. 집주인은 손님이 오시면 너무 떠들면 안 돼요. 들어 주고 웃어 주고. 유능한 사회자들은 다 그렇습니다. 기본적으로 사람을 편안하게 해 주고, 어떤 얘기를 해도 들어 줄 것 같은 그런 존재가 돼야 해요.

Q7. 방송 사회자가 되고 싶다면, 나처럼 해 봐!

주변에서 일어난 일들을 놓치지 말고, 잘 관찰하고 잘 봐 두세요. 또 끊임없이 말하고 듣고, 끝없이 쓰고 읽어야 해요. 들었던 이야기나 써 놓은 것들은 언제든 이야기 소재가 되거든요. 일기를 쓰는 습관이라고도 볼 수 있어요. 자연을 놓치지 마세요. 그 안에서 꽃과 대화를 나눠 보고, 나무도 안아 보고. 그러면서 자연에서 느낄 수 있는 느낌이나 편안함, 이런 것들을 잘 기억해 두세요.

Q8. 앞으로 사람들에게 어떤 사회자로 기억되고 싶은가요?

아주 유쾌하고 재미있는 사회자. 얼굴만 떠올려 봐도 즐거운 사회자. 그게 꿈이에요. 좀 웃으면서 못 웃기기도 했던 사회자, 못 웃기는 것을 극복하려고 노력했던 사회자, 저 사람 때문에 웃었던 적이 있었다고 기억되는 사회자요.

Q9. 사회자를 꿈꾸는 어린이들에게 꼭 해 주고 싶은 말이 있다면?

사회자가 되기를 왜 꿈꾸는 지 꼭 한번 생각해 보시길 바라요. 막연히 유명한 사람이 되고 싶다는 것이라면, 그 이유만으로 충분할 수도 있겠지만, 조금 더 깊이 생각해 보셨으면 좋겠어요. 유명하지 않은 사회자라도 충분히 그 자체로 가치가 있다는 것, 그만큼으로 행복하다는 것을 잊지 않았으면 좋겠어요.

– 취재 및 정리: 하어영 기자 〈한겨레신문〉

s#. 6 방송 작가는
프리댄서?

최고 인기의 유재식 아저씨까지 섭외가 되자, 삼겹살 10인분은 먹은 것처럼 든든했다. 이런 느낌을 어른들은 천군만마를 얻은 것 같다고 하겠지? 그렇지만 사회자 섭외는 프로그램 제작 준비 과정 중 첫 단추일 뿐이었다.

사회자 섭외가 끝나자, 우리 팀의 자칭 미모의 작가 군단이 더욱 바빠지기 시작했다.

"자, 이것으로 오늘 회의는 마치고, 내일 가대본[12] 회의 하자. 꼭지 작가들은 각자 맡은 부분 가대본 써 오고, 막내 작가는 내일 VJ[13] 랑 인터뷰 촬영 나갈 준비 꼼꼼히 점검해. 출발 전에 출연자들에게 다시 한 번 확인 전화 하는 거 잊지 말고, 진가랑 소품 점검 정확하게 하고. 난 사회자 대사 정리해서 가대본 써 올게."

"네. 그럼 내일 가대본 회의는 오후 2시입니다!"

오늘 작가 회의는 이렇게 1시간 만에 끝이 났다.

[12] 가대본

녹화 준비 기간 동안 진행 상황이나 대본 회의에 따라 대본의 틀을 잡고 성글게 써 보는 대본을 가대본이라고 해요. 가대본이 여러 번의 수정 작업을 거쳐 방송용 대본으로 완성되지요.

[13] VJ

VJ란 '비디오 저널리스트(Video Journalist)'의 줄임말로, 우리가 흔히 비디오자키(Video Jockey)라고 부르는 음악 프로그램 사회자와는 다른 분야랍니다. 원래는 기획에서부터 취재, 연출, 촬영, 편집까지 혼자서 방송을 제작하는 사람을 말하지만, 방송 프로그램 성격에 따라 촬영과 편집을 전문으로 하는 전문 촬영가를 뜻하기도 해요.

14 **프리랜서 (freelancer)**
특정 방송사나 기업에 계약되어 있지 않고, 자신의 판단에 따라 프로그램 참여를 결정하고 계약을 맺고 일하는 사람을 말해요.

좀 더 정확하게 말하면 오후 2시에 시작한 회의가 딱 1시간 8분 만에 끝나고 곧장 퇴근이란다.

'와! 역시 방송 작가는 프리랜서[14]라서 출퇴근도 프리~하게 자기 마음대로구나.'

이런 게 정녕 방송 작가의 일상이란 말인가? 누워서 게임하기 보다 더 쉬운 것이 방송 작가 일인 것 같다.

"휴~ 우리 엄마도 누나들처럼 방송 작가였으면 얼마나 좋을까?"

내 입에서 한숨과 감탄이 절로 나왔다.

"아니 왜?"

작가 누나들이 물었다.

"출퇴근 시간도 마음대로고, 또 매일 출근 안 하고 집에서 일해도 되고……. 얼마나 좋아요."

"에고, 우리 마징가는 생각이 너무 단순해. 이 세상에 호락호락하고 쉬운 일이 어디 있는 줄 아니, 이것아! 그렇죠 선배님~."

막내 작가 누나가 장난스럽게 말하자, 왕작가 누나도 맞장구를 쳤다.

"놔둬라. 마징가가 지구나 지킬 줄 알지 방송 작가에 대해 뭘 알겠니. 출

오늘도 잠자기는 글렀구나…

연자 대신 까나리 액젓에 청국장 듬뿍 넣은 주
스 마시고 번지점프를 해 봤겠니~, 아님 무인도
야외 촬영 나가서 일주일 동안 로빈슨 크루소처럼
극한체험을 해 봤겠니. 또 죽어라 대본 써 갔더니 성질
괴팍한 사회자가 '대사가 왜 이래? 이것도 대본이야?'
하고 대망신을 줘서 눈물 콧물 쏙 빠져 봤겠니."

대본을 발로 썼나 봐!

  방송 작가의 설움과 애환은 여기서 끝나지 않았다. 방
송 작가 일을 정신없이 하다 보면 어느새 노처녀, 노총각
이 되기 일쑤이고, 겨우겨우 기적처럼(?) 결혼을 해도 기
쁨은 잠시, 신혼여행 가서도 방에 처박혀 죽어라 대본만
쓰다가 오는 작가들도 수두룩하다고 했다. 또 아파서 응
급실에 실려 갈 지경이 되어도 대본은 써 놓고 구급
차를 타야 한다는 말이 있을 정도로 아파도 남에
게 자기 일을 맡길 수 없는 직업이 바로 방송
작가라고 했다.

한 군데만 더
가 보자…

"고로 방송 작가의 일상을 방송 장르로 정의하자면, 아주 가끔은 쇼! 나머지는 다큐!"

다른 사람들은 방송 작가라는 직업이 막연하게 '쇼'처럼 화려하고, 연예인들과도 친하게 지내고, 매일매일 신나고 재미있을 거라 생각하지만, 사실은 그런 '쇼'는 아주아주 가끔 있는 일이란다. 대부분은 섭외, 자료 조사, 야외 출장, 사전 인터뷰, 돌발 상황의 연속에 각종 회의, 회의, 또 회의로 매일매일이 힘들고 고단한 '다큐'라고 설명했다.

"방송 일 하다 보니 늘어나는 건 나이와 뱃살뿐이더라. 오죽하면 내 별명이 뱃살마녀겠냐고. 암튼 이 짓을 당장 때려치우든지 해야지 원. 에잇! 나 내일 안 보이면 그만둔 줄 알어!"

농담인지 진담인지 왕작가 누나는 말 끝나기가 무섭게 휭 하니 사무실을 나가 버렸다. 순간 나는 당황스러워 다른 작가 누나들을 빤히 쳐다보았다. 다른 작가 누나들은 피식 웃으며 아무 일도 없었다는 듯 뿔뿔이 흩어졌다.

'왕작가 누나가 정말 그만두면 어떡하지?'

아빠는 오늘 밤에도 편집실에서 밤을 샐 모양이다. 오늘은 아빠가 편집 끝낼 때까지 말동무나 해 줘야겠다 큰마음을 먹고, 편집실에 함께 앉아 있었지만 자꾸만 졸음이 밀려왔다.

"아빠! 나 회의실 좀 갔다 올게."

잠깐 회의실에 갔다 올게

"아빠는 괜찮으니까 지금이라도 얼른 집에 가."

"아니야. 편집하는 것 보는 것도 체험 학습 하는 거잖아."

잠도 깰 겸 회의실에 두고 온 게임기를 가지러 3층으로 내려갔다. 같은 시간, 방마다 불이 켜 있는 편집실과는 달리 3층은 인기척이 없었다.

'어라? 이 낯선 적막감은 뭐지?'

하루 종일 사람들로 북적이던 회의실들이 언제 그랬냐는 듯 지나가는 개미

한 마리 없이 너무나도 조용했다.

뚜벅뚜벅-.

내 발소리가 방송국 높은 천장에 작게 메아리쳐 울렸다. 왠지 모르게 오소소한 느낌이 들기 시작했다.

'마징가! 네가 한두 살 먹은 어린애야? 지금 귀신이라도 나올 거라고 상상하는 거야?'

나는 이 오소소한 느낌을 떨쳐 내려고 나 스스로를 다그쳤다. 엘리베이터에서 회의실까지 가는 길이 유난히 멀게 느껴졌다.

'다다닥 닥닥닥 다다닥……'

회의실에 가까워지자 이상한 소리가 들리는 것 같았다.

"어? 무슨 소리지? 내가 잘못 들었나?"

다시 발걸음을 옮기려는데 또 소리가 들렸다.

'다다닥 닥닥닥 다다닥 다닥닥닥……'

난 얼음처럼 걸음을 뚝 멈추었다. 우리 팀 회의실에서 새어 나오는 소리가 분명했다.

'이 밤중에 우리 회의실에서 웬 소리지?'

덜컥 겁이 밀려왔다. 그냥 돌아갈까? 말까? 머릿속이 초고속으로 복잡해졌다. 흥분된 마음을 진정시키려고 심호흡을 크게 몰아쉬었다. 마른침을 꿀꺽 삼킨 다음, 용기를 내어 회의실로 다가갔다. 살금살금…….

슬그머니 회의실 문을 열었다.

"어? 이게 누구야? 진가 아니니?"

"누, 누나?"

왕작가 누나였다. 그리고 '다닥 다그닥' 외계로 보내는 모스 부호 같은 소리는 바로 왕작가 누나의 손가락들이 노트북 자판을 두드리는 소리였다. 순간 온몸의 힘이 쫙 풀리면서 '휴~' 한숨이 밀려 나왔다.

"이 시간에 뭐 하세요?"

"뭐 하긴. 정신없이 대본 쓰고 있지."

"피~ 아깐 당장 때려치운다고 하더니."

"그러게나 말이다. 만날 입버릇처럼 때려치운다 하는데, 막상 그만두려고 하면 이보다 더 좋은 일이 또 있을까 싶어서 못 그만두겠더라."

"누나는 방송 작가 일이 왜 그렇게 좋아요?"

"음…… 처음엔 방송 작가가 '프리랜서'라서 좋았는데, 일을 하면 할수록

071

방송 작가가 '프리댄서'라서 좋아."

"프리댄서요?"

"무대 위에 가수를 빛내 주는 백댄서가 있다면, 무대 뒤엔 프로그램을 빛
내 주는 프리댄서, 방송 작가가 있다는 말이지."

방송가에선 방송 작가를 '프리댄서'라고 부른다고 했다. 그 이유는 어떤 음
악이 나오더라도 자유자재로 춤을 춰야 하는 댄서처럼, 방송 작가는 어떤 프
로그램, 어떤 돌발 상황에서도 순발력있게 멋진 대본을 써 내야 하기 때문이
란다. 방송은 생방송이든 녹화 방송이든 대본대로 척척 진행되지 않기 때문
에 방송 작가는 늘 예상치 못한 상황을 대비하고, 또 예상 못한 상황이 일어

나더라도 누구보다 침착하고 빠르게 대처할 줄 알아야 한단다.

또, 댄서가 언제 어느 때나 실력을 발휘하기 위해선 타고난 실력이나 재능만이 아니라, 끊임없이 연습에 연습을 거듭하며 땀 흘리고 노력해야 하는 것처럼 방송 작가도 마찬가지이기 때문이란다. 그렇기 때문에 평소 다른 프로그램을 보고 다양한 분야의 책도 읽어야 한단다. 그리고 댄서가 그때그때 유행하는 춤을 파악하고 남들보다 한발 앞서야 하는 것처럼, 방송 작가도 흐름을 정확하게 파악하고, 남들보다 항상 앞서야 하기 때문이란다.

"어휴 정말 이해가 안 돼요. 그렇게 힘든 프리댄서가 뭐가 그렇게 좋다는 거예요?"

"힘들지. 근데 댄서의 멋진 춤을 보면 감동을 받는 것처럼, 내가 만든 방송을 보고 많은 사람들이 재미와 감동을 느낀다면 그것보다 짜릿하고 설레는 게 어디 있겠니. 그게 바로 내가 투정 부리면서도 계속 방송 작가로 살아가는 이유란다."

'이런 것이 바로 열정이라는 걸까?'

왕작가 누나의 이야기를 듣다 보니 내 가슴이 점점 뜨거워지는 것 같았다.

다다닥 닥닥 다그닥 다다닥 다다닥다…….

오늘 밤에도 왕작가 누나는 컴퓨터 자판을 통해 출연자들에게, 또 시청자들에게 재미와 감동의 모스 부호를 거침없이 날리고 있다. 때론 배꼽 빠지게 웃기는 재미로, 때론 사골 국물보다 진한 감동으로.

방송 작가

나의 병을 아무에게도 알리지 마라!

여러분은 방송 작가 하면 어떤 모습이 떠오르나요? 커피를 마시며 우아하게 '대본'을 쓰는 모습을 상상했다면 여지없이 '땡'!

방송 작가는 대본쓰는 일 말고도 엄청나게 다양한 일을 해야 하거든요.

방송 작가는 방송 장르에 따라 구분하기도 하고, 경력에 따라 구분하기도 해요. 방송 장르에 따라 구분하자면, 드라마 작가, 쇼·오락 작가, 시트콤 작가, 시사·교양 작가, 다큐멘터리 작가, 보도 작가, 스포츠 작가, 라디오 작가, 외화 번역 작가 등이 있어요.

또 프로그램마다 작가 팀이 구성되는데, 프로그램 특성에 따라 그 수가 한 명에서 많게는 수십 명이 되는 경우도 있어요. 한 프로그램의 작가 팀도 그 경력에 따라, 또 역할에 따라 불리는 이름이 달라요.

중심 작가 방송 경력이 가장 많고, 작가 팀 전체를 책임지는 대표 작가로, 일명 '왕작가'라 부름.

보조 작가 프로그램 구성 중 하나 이상의 꼭지를 담당하고 있는 작가.

자료 조사 작가 작가 팀의 막내 작가로, 프로그램에 필요한 갖가지 자료를 수집, 취재하는 작가.

이 밖에도 대본은 쓰지 않지만, 방송 프로그램에 대한 각종 새로운 아이디어만 전담하는 아이디어 작가. 프로그램을 전문적으로 기획해 내는 기획 작가, 또 출연자 섭외만을 전문으로 하는 섭외 작가 등도 모두 방송 작가랍니다.

장르의 특성에 따라 조금씩 차이는 있지만, 대체로 방송 작가는 프로그램 기획에서부터 자료 조사, 나아가 취재, 소재 선정, 출연자 섭외, 야외 촬영 동반, 대본 쓰기 등 방송 제작에 관한 수많은 일을 해 내고 있어요. 그러다 보니 밤 새우는 건 기본이고, 아파도 아무 때고 병원에 갈 수도, 마음대로 쉴 수도 없지요. 그러니 오죽하면 작가들 사이에서 '나의 병을 아무에게도 알리지 마라!'라는 우스갯말이 있겠어요.

드라마 작가는 다른 분야의 방송 작가들과는 조금 다른 체계로 작업을 진행해요. 여느 방송 작가들이 방송 제작의 대부분 일에 관여하는 것에 견주어, 드라마 작가는 드라마 대본 쓰는 일에 좀 더 많은 시간과 비중을 두고 일을 하지요.

드라마 작가는 한 편의 드라마를 통해 시청자들의 마음을 쥐락펴락해야 하기 때문에 그만큼 글재주가 뛰어나야 해요. 드라마 속 주인공들을 통해 삶의 새로운 모습을 보여 주고, 웃음과 감동을 주기 위해서는 세상을 자세히 들여다볼 줄 아는 눈이 필요해요. 대본을 쓰지 않는 시간에는 세상을 여행 다니면서 다양한 사람들을 만나고, 이야기 나누는 것이 좋아요. 미술, 음악, 영화, 연극, 책 등 다양한 분야를 끊임없이 두루 공부하는 것은 두말할 필요도 없지요.

다짜고짜 인터뷰

드라마 작가
서숙향 작가

MBC 드라마 〈파스타〉, 〈미스코리아〉,
SBS 드라마 〈질투의 화신〉 극본

Q1. 아른아른 어린 시절 꿈은?
어린 시절, 가난했어도 언니와 오빠가 일찍 세상을 떠난 탓에 부모님은 저와 제 남동생을 무척 귀하게 대해 주었어요. 뭐든 하지 말라는 게 없었어요. 때문에 꿈도 철없이 자주 바뀌었던 기억이 나네요.

Q2. 될 성 부른 나무 떡잎부터 알아본다?
초등학교 때 일기장을 내면 선생님이 한마디씩 댓글을 달아 주었는데, 제 생애 최초의 칭찬이었어요. 소풍날 짓궂게 비가 와 뿔이 나서 "참 경우도 없는 비다!"라고 일기장에 썼는데, 선생님이 재미난 표현이라고 칭찬해 주니 신이 나서 더 열심히 일기를 썼던 기억이 있어요.

Q3. 그래, 결심했어! 드라마 작가가 될 거야!
드라마 작가가 되기로 결심한 것은 방송국에서 교양이나 오락 프로그램의 구성 작가를 하면서 방송 일에 재미를 느끼던 차에, 드라마까지 더 공부를 해 볼까 하는 생각에서 출발했어요. 김운경 작가의 〈서울의 달〉이나 김수현 작가의 〈사랑이 뭐길래〉〈엄마가 뿔났다〉 같은 드라마를 보면 '와 대사를 어떻게 저렇게 쓰지' 싶으면서, 나도 도전해 보고 싶다는 생각을 굳혔던 것 같아요.

Q4. 이럴 때 내 일이 '정말' 좋아!
드라마를 기획할 때마다 새로운 직업과 인물을 구상하게 되는데, 그 과정에서 취재를 위해 낯설고 새로운 사람들을 만나게 되요. 사람들은 작가가 취재를 한다고 하면 다들 자기 이야기를 술술 털어놓지요. 드라마 작가와 이야기하는 것을 즐거워합니다. 그럴 땐 저도 즐겁지요. 작가로서 필요하기 때문이 아닌 새로운 사람을 만나고 그들과 교류할 수 있다는 것이 감사하고 좋은 일 같아요.

Q5. 드라마 작가라서 요건 '쪼끔' 괴로워!
한때는 함께 작업하는 모든 사람들이 나를 힘들게 한다는 생각을 한 적도 있어요. 그런데 그건 핑계고요. 결국 모든 제작진들이 제게 원하는 것은 좋은 대본, 재미난 대본이더라고요. 드라마 작가는 정말 나 자신과의 싸움이라는 말이 맞는 것 같아요.
결국은 대본이 안 써질 때가 가장 힘들어요. 많은 사람들은 배우들이 속 썩이지 않을까, 시청률 때문에 괴롭지 않을까 걱정들 하지만, 이름 대면 알 만큼의 배우들은 모두 프로이고, 기대 이상으로 몸과 마음을 다해 열심히 연기한답니다. 감독은 물론 최선을 다해, 불가능은 없다는 정신으로 작품을 만들고요. 그러니 한 드라마에서 만나는 한 배를 탄 식구들에게 현장이 신나게, 원활하게 돌아가게끔 작가는 좋은 대본을 써야겠지요.

Q6. 드라마 작가가 좋아하는 배우는?

저는 작가의 뛰어난 대사가 보이고, 배우의 뛰어난 연기가 보이고, 감독의 뛰어난 연출이 보이는 드라마를 좋아하지 않습니다. 그냥 작가도, 감독도, 배우도 보이지 않는 드라마, 세 바퀴가 하나가 돼서 주인공 캐릭터와 이야기만 보이는 드라마를 좋아해요.

그리고 편견이긴 하지만, 신체적으로 한두 가지쯤 부족한 점을 가지고 있는 배우들이 좋아요. 키도 크고, 얼굴도 잘 생긴 배우들보다는 외모가 부족한 배우일수록 더 연기로만 승부해야 하기 때문에 더 노력을 많이 한다고 느껴져요. 이건 순전히 저의 선입관일 수도 있어요.

셰프는 무조건 이선균이야!

Q7. 드라마 작가가 되고 싶다면, 나처럼 해 봐!

책을 많이 읽으세요. 만화책도 좋아요. 저는 지금도 서점에 가면 동화책을 잘 읽다 옵니다. 동화책 속에는 단순하지만 본질적인 이야기가 들어 있어요. 동화책을 졸업할 즈음엔 되도록 고전을 찾아 읽어 보세요. 소설, 희곡, 추리 소설, 영화까지 고전 속에는 현대물보다 옷이나 장신구로 꾸며지지 않은 이야기의 본모습이 녹아 있답니다.

무엇보다 사람을 알아야 드라마 작가가 될 수 있어요. 사람을 알아야 따뜻한 이야기를 쓸 수 있기 때문이지요. 그러자면 무엇보다 먼저 부모님께 잘하세요. 부모님은 나를 이 세상에 있게 해 준 최초의, 가장 소중한 인연이랍니다. 그리고 사서 고생하세요. 고생보다 강하고 귀한 스승은 없답니다.

Q8. 드라마 작가를 꿈꾸는 어린이들에게 꼭 해 주고 싶은 말이 있다면?

돈을 잘 버는 것 같으니까, 연예인들과 일하고 화려해 보이니까, 방송이 재밌어 보이니까 등의 이유로 드라마 작가를 꿈꾼다면 여러분은 쉽게 지치거나 포기할 거예요.

작가는 혼자 작업하는 시간이 대부분이고, 대사 한 줄 한 줄마다 선택의 기로에 서야 하는 외로운 직업이랍니다. 글 쓰는 것 자체가 즐겁지 않다면, 하지 마세요.

대본 쓰는 순간이 가장 행복할 때 드라마 작가로서 행복할 수 있어요. 글 쓰는 것이 즐겁다면 드라마 작가에 한번 도전해 보세요! 그 전에 작가로서 갖춰야 할 몇 가지 노력을 잊지 마시고요.

조연은 없다!
주연만 있다!

"아들아! 콧바람 쐬러 가자!"

한창 자료를 정리하고 있는데 어디선가 악마의 달콤한 속삭임이 들려왔다. 역시 아빠였다. 아빠는 오래간만에 짬이 좀 난다며 엄마랑 작가 누나들 몰래 땡땡이를 치자고 했다.

"안 돼! 나 일해야 하거든!"

처음에는 단호하게 뿌리쳤다.

아빠는 내 옆에서 온갖 달콤한 말로 나를 슬슬 꼬드겼다. 달콤한 악마의 꼬임에 나는 결국 넘어가고 말았고, 어느새 아빠와 함께 방송국을 몰래 빠져나오는 데 성공했다.

'캬~ 엄마 몰래 학원 땡땡이칠 때보다 더 짜릿한 이 기분! 난 역시 땡땡이 체질이야!'

모처럼 아빠와 단둘이 자동차를 타고 어디론가 달려갔다.

"아빠, 우리 어디 가는 거야?"

"신라의 화랑들이 말 달리는 곳!"

"신라 시대 화랑? 그럼…… 경주?"

"글쎄~."

어울리지도 않게 아빠는 웃을 듯 말 듯 묘한 표정을 지으며 어디론가 계속 달려갔다.

깜빡 졸았던 걸까? 눈을 떠 보니 차창 밖으로 푸른 풀들이 숲을 이루어 끝도 없이 펼쳐져 있었다. 스스스스스~. 바람이 불 때마다 갈대숲이 온통 춤을 추듯 일렁이며 비장한 소리를 냈다. 마치 금방이라도 신라의 화랑들이 말을 타고 숲을 가르며 달려올 것만 같았다.

"와아!"

"어때? 갈대숲 끝내주지?"

"응. 근데 여긴 왜 온 거야?"

아빠는 얼마 전 만났던 캐스팅 디렉터 오디선 누나를 만나러 드라마 촬영 현장에 왔다고 했다. 유재식 아저씨 섭외에 도움을 준 오디선 누나에게 감사의 마음도 전할 겸, 나에게 연예인들도 실컷 구경시켜 줄 겸해서 이곳에 온 것이란다.

"아빠! 나는 딴 애들처럼 유치하게 연예인 안 좋아하거든!"

사실 그랬다. 친구들이 연예인 누구누구에 열광하는 걸 볼 때마다 참 유치해 보였다. 물론 다른 친구들은 반대로 이런 나를 '별종 삐딱이'로 봤지만.

어차피 따라온 거 드라마 촬영하는 거나 구경해 보자는 마음으로 아빠 뒤를 따랐다. 우리는 자동차를 세워 놓고, 촬영팀이 있는 곳으로 갈대숲을 헤쳐 나갔다.

서울 가까이에 이렇게 경치 좋은 곳이 있다니 뜻밖이었다. 그리고 잘 알려지지도 않은 이런 곳을 찾아낸 드라마 촬영팀이 참 대단하다는 생각이 들었다.

"촬영팀은 이런 곳을 어떻게 찾아냈을까?"

"촬영 장소만 찾아다니는 전문가가 따로 있어. 대본에 딱 맞는 곳을 찾기 위해 전국 방방곡곡 아니, 해외까지 누비고 다니는 사람들을 '로케이션 매니저'[15]라고 부르지."

촬영 장소만 찾아다니는 전문가라고? 방송국은 별의별 희한한 직업들이 우글대는 신기한 곳 같다.

저만치 드라마 촬영 팀의 분주한 모습이 눈에 들어왔다. 아직 촬영 전인 듯 수십 명의 사람들

[15] 로케이션 매니저 (location manager)

드라마, 영화, 광고의 내용과 형식에 맞는 촬영 장소를 찾고 섭외하는 전문가로, '로케이션 디렉터' 또는 '로케이션 헌터'라고도 불러요. 로케이션 매니저는 촬영 장소 섭외뿐 아니라 촬영팀이 최대한 빨리 촬영을 할 수 있도록 장소 이동 순서도 계획하고, 현장에서 촬영이 원활하게 진행되도록 세심한 주의를 기울여야 해요. 또 지방으로 촬영을 가면 제작진들이 묵을 숙소까지 다 섭외해야 하기 때문에 제작진 중에서 가장 먼저 출근해서 가장 늦게 퇴근하는 사람이기도 해요.
촬영이 없을 때 좋은 장소를 미리미리 봐 두어야 해요. 그래서 여행을 좋아하고, 사람 만나는 것을 좋아하면 로케이션 매니저 일을 꿈꿔 보는 것도 좋을 거예요.

이 움직이고 있었다. 이 많은 제작진들이 힘을 모아야만
한 편의 드라마가 완성된다니 역시 '드라마는 방송계의 종
합 예술'이라는 아빠의 말이 맞는 것 같았다.

우리는 오디션 누나를 찾기 위해 촬영장을 기웃거렸다. 사극을 촬영하는
현장이라 그런지 신기한 볼거리들이 넘쳐나 아빠와 나는 마치 놀이공원에
놀러 온 애들처럼 여기저기 구경하느라 정신이 팔려 버렸다.

한쪽에는 박물관이나 민속촌에서 봤던 옛날 의상들이 수십 벌씩 걸려 있
고, 출연자들이 의상 팀의 도움으로 촬영 장면에 맞는 의상을 골라 입고 있
었다. 이미 의상을 차려입은 출연자들은 한쪽 공터에서 무술 감독의 지시에
따라 결투 장면을 연습하고 있었다.

그 모습을 유심히 바라보자, 아빠가 말했다.

"결투 장면을 촬영하기 전에 저렇게 미리 맞춰 보는 거야. 서로 공격하고
방어하는 순서를 미리 짜 두어야 촬영할 때 사고가 없으니까."

또 한쪽에 서 있는 버스는 이동식 미용실 같았다. 갖가지 분장 도구들이 가

득한 버스 안에서 분장사들
이 출연자들의 분장을 꼼꼼히
손보고 있었다. 어떤 남자 출연
자는 수염 분장을 받으며 꾸벅꾸벅 졸고 있었
고, 어떤 여자 출연자는 옛날 여자들처럼 똬리 모양
의 가발을 머리에 올리고는 너무 무겁다며 목을 비틀거렸다.

　　"쳇! 가발 하나 쓴 걸 갖고 웬 엄살?"

하고 내가 입을 실룩이며 혼잣말을 하자, 분장팀 아저씨가 내 말을 들었는지
성큼 다가와서는 들고 있던 똬리 모양 가발을 내 머리 위에 턱 올려놓는 게
아닌가!

　　"악!"

　　외마디 비명이 저절로 나왔다. 똬리 모양 가발은 돌덩이나 다름 없었다.

　　"요 녀석아! 이 가발이 얼마나 무거운 줄 알아? 자그마치 4킬로그램이 넘
는다고."

분장팀 아저씨는 짙은 눈썹을 치켜세우며 말했다. 곁에 있던 아빠는 이 무거운 가발을 쓰는 게 무서워 사극 출연을 꺼리는 연기자들이 있을 정도라고 했다.

"하하. 아리따운 이 여인은 누구야?"

졸지에 가발을 뒤집어쓴 나를 보고 누군가 웃으며 다가왔다. 바로 오디션 누나였다.

이래저래 구겨진 내 자존심은 아빠와 누나가 이야기를 나누는 동안에도 좀처럼 펴지지가 않았다.

그렇게 인상 팍 구기고 앉아 있는 동안 제작진들은 촬영에 필요한 준비를 모두 끝마쳤다. 이번 촬영은 남자 주인공인 신라의 화랑과 적군의 장군이 최후의 결투를 하는 장면이었다. 쉬운 말로 적장끼리 맞짱을 뜨는 장면을 찍는 것이다.

카메라 앞에 선 남자 주인공은 한눈에 봐도 빛이 났다.

"자, 조용! 촬영 들어갑니다!"

그 한마디에 촬영장은 순식간에 조용해졌다.

"레디!"

감독이 촬영 준비 신호를 외치자, 카메라에 빨간 불이
켜졌다.

그러자 한 아저씨가 일명 '딱딱이'라고 불리는 검정과
하양 줄이 그려진 슬레이트[16]를 들고 카메라 앞으로 뛰
어 들어와 "신 32! 컷 7! 테이크 1!"라고 외쳤다. 그러고
는 '딱!' 하고 막대기를 치며 잽싸게 카메라 밖으로 빠지
자 드디어 감독의 "액션!" 하는 고함 소리가 쩌렁하고
울렸다.

"공격!"

말에 올라탄 주인공이 긴 칼을 치켜들며 큰 소리로 외
치자 마주 보고 서 있던 양쪽 군사들이 달려들며 결투
를 벌이기 시작했다.

하지만 계속 NG[17]가 났다.

"화살에 맞는 병사들! 좀 더 실감나게 쓰러져야지!"

16 슬레이트(Slate)

슬레이트는 드라마나 영화를 촬영할
때 현재 촬영에 들어갈 신 번호, 컷 번
호, 테이크 번호를 기록한 알림판을
말해요. 클랩보드(Clapper board)라고
도 부르는데, 촬영 시작 직전 카메라
앞에 대고 '딱' 하고 내리쳐서 '딱딱이'
라는 별명도 갖고 있어요. 참고로 신
은 촬영하는 장면을 말하고, 한 신은
몇 개의 컷으로 이루어져요. 테이크는
같은 컷을 NG가 나서 다시 찍은 수를
나타내요. 그러니 '신 32, 컷 7, 테이크
1'은 32번째 장면의 7번째 컷을 처음
찍는다는 뜻이죠.

17 NG

노 굿(No Good)의 줄임말로, 촬영이
나 녹음을 할 때 연기, 소품, 의상 등
여러 가지 실수로 인해 상태가 좋지
않아서 촬영이나 녹음을 다시 하는 일
을 말해요.

감독의 지시에 따라 수많은 병사들은 더욱 실감 나게 쓰러지고 또 쓰러졌다. 텔레비전에서 보면 얼굴이 언제 나오는지도 모르게 빨리 지나가는 단역 배우들이지만 부상에도 아랑곳하지 않고 최선을 다해 연기했다.

촬영은 레디, 액션, NG를 되풀이하며 하루 종일 숨 가쁘게 계속되었다.

이제 살아남은 사람은 단둘! 주인공인 신라의 화랑과 적군의 대장뿐이었다. 감독의 "액션!" 소리와 함께 양쪽 장군들의 마지막 숨 막히는 결투 장면이 펼쳐졌다.

두 장군들은 잠시 강렬한 눈빛을 주고받더니 말을 타고 달려오기 시작했다. 그러다 '챙!' 하고 칼을 휘두르더니 별안간 공중으로 휘익 날아올랐다. 연기자들만 날아오른 게 아니라 카메라를 짊어진 카메라 감독까지 공중으로 날아올랐다. 연기자들의 모습을 좀 더 역동적이고 실감나게 찍기 위해서라고 했다.

난 눈이 휘둥그레지고 입이 딱 벌어졌다.

"저게 바로 와이어 액션[18]이라는 거야."

아빠는 귓속말로 설명해 주었다.

위험한 와이어 액션 장면은 주인공들을 대신해 대역 배우[19]들이 연

---

[18] 와이어 액션(Wire Action)

무협 영화나 액션 영화에서 많이 쓰이는 촬영기법으로, 가늘고 튼튼한 줄에 배우의 몸을 묶어 공중으로 날아오르거나 이동하는 연기를 보여 주는 촬영을 말해요. 보통 전문 대역배우들이 연기를 펼치는데, 가는 줄에 의지해서 공중에 매달려서 연기를 해야 하기 때문에 몸의 균형을 잡는 기본 방법에서부터 공중에서의 무술 동작, 도약 동작, 땅에 내려올 때의 착지 동작 등을 수없이 연습해야만 자유자재로 와이어 액션을 연출할 수가 있어요.

[19] 대역 배우

드라마, 영화 등에서 다른 배우를 대신해서 위험하거나 전문적인 기술이 필요한 장면을 연기하는 단역 배우를 대역 배우라고 해요. 달리는 자동차에서 뛰어내리는 장면이나 불 속으로 뛰어드는 장면, 사나운 사자와 싸우는 장면 등 고난도 액션을 찍기 위해서 오랜 기간 동안 전문적인 훈련을 받아야만 해요.

기했다. 대역 배우들은 가는 와이어 줄에 온몸을 맡긴 채 하늘을 휙휙 가로지르며 불꽃 튀는 결투 장면을 펼쳤다. 촬영 도중 카메라 감독의 와이어 줄 한 개가 끊어져 아찔한 순간을 맞기도 했고, 목검을 휘두르다가 서로 어긋나 배우들이 부상을 입기도 했다.

이렇게 수십 번의 NG 끝에 감독이 "오케이!"를 외치자, 대역 배우들은 기진맥진해서 바닥에 발랑 드러누워 버렸다.

촬영장에 있던 사람들 모두 그들에게 한꺼번에 박수를 쳤다. 나도 모르게 박수를 따라 쳤다.

드라마 촬영하는 모습을 지켜보고 있자니 신들린 듯 실감 나게 연기하는 배우들이 정말 멋져 보였다. 지금까지 배우에 대한 나의 편견—얼굴만 잘생기고, 예쁘면 누구나 배우하겠다—이 부끄러워졌다.

드라마 촬영 현장에서 알게 된 또 하나의 깨달음은 주연 배우만 빛이 나는 게 아니라는 점이다. 주연 배우들 대신 위험한 연기를 하는 대역 배우들도, 주연 배우 옆에서 감초 역할을 하는 조연 배우들도, 대사 한마디 없지만 최선을 다해 연기하는 단역 배우들도 모두 저마다의 빛을 밝히고 있었다. 드라마 촬영 현장에 조연은 없었다! 모두가 다 주연이었다!

하루 종일 사극 촬영만 봐서 그런지 타임머신을 타고 신라 시대에 와 있는 것 같은 착각이 들었다.

'만약 내가 신라 시대에 태어났다면……?'

화랑들 중에서도 단연 돋보이는 용감한 화랑, 마
진가! 임금님의 명을 받고 수만 병사를 이끌고 적군
을 물리치러 나간다.

'나를 따르라~!'

상상만 해도 큭큭 웃음이 난다.

한참 키득거리며 상상의 나래를 펴고 있는데, 아빠가
어깨를 툭툭 쳤다.

"아들! 촬영 끝났다!"

"에이~ 한참 좋았는데……."

"뭐가?"

"아, 아니, 드라마 촬영이 좋았다고……."

방송국으로 돌아오는 차 안에서도 나의 엉뚱한 상상은 문득문득 계속되었
다. 만약에, 물론 그럴 일은 절대로 없겠지만, 아니 뭐 그렇다고 절대 없으
란 법도 없지만, 아주 아주 만약에 내가 배우가 된다면……?

상상에 빠져들수록 가슴속이 왠지 모르게 일렁인다. 갈대숲이 춤을 추듯
기분 좋게 그렇게.

배우

탤런트가 많아야 탤런트?

> 넌..
> 천년 동안
> 기다렸어

　우리는 흔히 배우를 '탤런트(talent)'라고 부르기도 하지요. 원래 탤런트의 뜻은 '재능' 또는 '재주 많은 사람'이지만 점차 '텔레비전 연기자'라는 뜻의 방송 용어로 쓰이게 되었어요. 그만큼 배우들이 많은 재주를 가진 사람이라는 뜻이겠지요?

　배우가 되기 위해서는 타고난 끼와 재능이 필요한 건 사실이에요. 하지만 타고난 끼와 재능만으로 훌륭한 배우가 되는 건 절대 아니랍니다. 배우가 되기 위해서는 우선 많은 경험을 쌓는 것이 필요해요. 경험만큼 연기에 도움이 되는 것은 없으니까요. 드라마 속 상황을 직접 경험해 본 배우라면 훨씬 실감 나는 연기를 할 수 있지요. 하지만 극중 상황들을 모두 직접 경험해 볼 수는 없는 일! 그럴 땐 자유로운 상상력이 필요해요. 또 경험을 했다고 해도 자신만의 상상력을 보탠다면 남다른 훌륭한 연기가 나올 거예요.

　연기를 통해 시청자들의 마음을 움직이려면 감수성과 풍부한 표현력이 있어야 해요. 이처럼 상상력, 감수성, 표현력 등을 기르기 위해서는 여행과 체험을 즐기고, 문학 작품, 영화, 연극, 미술 등을 많이 접하고 공부하는 것이 좋아요.

> 꺄
> 아

　또 배우에게 꼭 필요한 것은 바로 함께하는 마음이에요. 드라마는 수많은 제작진들의 공동 작업이기 때문에 혼자만 돋보이고 도드라지면 안 돼요. 작가, 연출자와의 호흡도 중요하게 여길 줄 알고, 다른 동료 배우와도 잘 어우러질 줄 알아야 해요.

카메라 감독

영상에 생명을 불어넣는 마술사

배우들이 아무리 훌륭한 연기를 해도, 사회자가 아무리 재미 있게 프로그램을 진행해도 카메라로 촬영 현장을 잡아내지 않 는다면 우리는 텔레비전으로 그 모습을 지켜볼 수 없어요. 촬 영 현장에서 출연자들의 숨소리까지도 놓치지 않고 카메라에 담는 일을 하는 사람이 바로 카메라 감독이랍니다.

스튜디오에서 각종 프로그램을 촬영하거나 중계차를 타고 나가 스 포츠 경기를 촬영하거나 또는 사건 현장에 나가 소형 카메라를 들고 촬영을 하는 일까지 모두 카메라 감독의 몫이에요.

한마디로 영상에 생명을 불어넣는 일이라고 할 수 있지요. 그래서 카메라 감독에 게 카메라는 자기 몸의 일부나 마찬가지랍니다. 촬영 중 어떤 위험천만한 돌발 상 황이 닥쳐도 자신의 몸보다 카메라를 먼저 챙기는 사람들이 바로 카메라 감독이에 요.

카메라 감독은 평소 여러 가지 분야에 관심을 가져야 해요. 어떤 프로그램, 어떤 촬영 내용이든 연출자와 작가의 의도에 맞게 촬영을 해야 하기 때문이에요. 그러기 위해서는 다양한 분야에 관심을 갖고 꾸준히 연구해야 해요.

또 같은 내용의 촬영이라도 자신만의 독특하고 기발한 영상을 찍어야 해요. 그러 려면 창의적이고 미적인 감각을 길러야 하지요. 새로운 영상과 그림을 끊임없이 보 는 것도 필요해요. 영화, 연극, 텔레비전, 화보집 등등 새로운 시선을 발견할 수 있 는 볼거리를 많이 보는 것이 중요해요.

　카메라 감독이 되고 싶다면, 평소 집에 있는
사진기나 캠코더 등으로 촬영을 많이 해 보세요.
카메라 촬영을 한다고 생각하니 조금 긴장된다고
요? 걱정 마세요. 카메라 감독님들이 귀띔해 준 촬영 비법을 살짝 공개할게요.

어린이 카메라 감독을 위한 촬영 비법

1. 카메라를 든 순간, 세상에서 내가 가장 멋진 카메라 감독이라는 자신감을 가져라.

2. 태양을 등지고 찍자.

3. 삼각대를 사용해서 흔들림 없이 촬영해 보자.

4. 머릿속으로 미리 구도를 생각하고 필요한 장면만 끊어 찍어 보자.

5. 한 장면을 같은 크기와 각도로 여러 번 잡지 말고, 다양한 구도로 찍어 보자.

천재 카메라 감독 탄생 예감!!

다짜고짜 인터뷰

배우
하지원

Q1. 아른아른 어린 시절 꿈은?

초등학생 때에는 우주를 여행하는 우주 비행사가 꿈이었
어요. 전 아주 어릴 적부터 하늘 보며 별님, 달님에게 소
원도 빌고 이야기 나누는 것을 좋아했거든요. 하지만 나
이를 먹으면서 꿈이 하나둘 늘어나더라고요. 병을 고치는
의사가 되고 싶었다가, 우리나라를 대표하는 외교관도 되
고 싶었다가, 예쁜 옷을 만드는 디
자이너가 되고 싶기도 했죠. 배우
를 해야겠다고 마음을 먹은 것은
고등학교에 올라와서예요.

Q2. 될 성 부른 나무 떡잎부터
알아본다?

솔직히, 저는 굉장히 내성적인 아이였어

요. 그래서 가족이나 친구 어느 누구도 제가 배우가 될 것
이라고는 생각하지 못했을 거예요. 저 역시도 텔레비전에
나오는 세상은 저와는 상관없는 다른 세상이라고 생각했
고요.

Q3. 그래, 결심했어! 배우가 될 거야!

고등학교 때였나요. 우연히 텔레비
전에서 고두심 선생님이 연기하
는 모습을 봤어요. 소름이 돋았
죠. 그때 제 마음이 움직였던 것
같아요. '어! 이런 느낌!' 저도 고두
심 선생님처럼 사람의 마음을 움직
이는 일을 하고 싶다는 생각을 했죠. '내가 할 수 있을까?'
라는 생각보다 '정말 하고 싶다'는 생각으로 배우에 대한
꿈을 키우기 시작했어요.

Q4. 이럴 때 내 일이 '정말' 좋아!

무엇보다 제가 좋아하는 일을 하게 된 게 참 좋아요. 사실
힘들 때도 많지만, 관객들에게 감동을 줄 수 있다는 것 자
체가 무척 행복하고, 보람을 느껴요.

Q5. 배우라서 요건 '쪼끔' 괴로워!

저는 아직도 방송 출연을 위해 무대에 서거나 영화나 드
라마 촬영을 위해 카메라 앞에 서는 것이 떨린답니다. 벌
써 10년이라는 시간이 흘렀지만 아직도 연기라는 것은 가
야 할 길이 멀구나 하고 느껴요. 끊임없이 노력해서 풀어
야 하는 숙제 같고요.
또 얼굴이 알려진 공인이기 때문에 대중들에게 많은 사랑
을 받는 대신 지극히 일상적인 일들, 하고 싶은 것들도 참

찍지마세요!

Q7. 배우가 되고 싶다면, 나처럼 해 봐!

어느 장소가 됐든 사람들을 관찰하며 그 사람의 직업이나 나이, 성격, 버릇 같은 것들을 상상해 보세요.

그리고 배울 수 있을 때 다양한 많은 것들을 배워 보는 거예요. 노래, 춤부터 승마, 수영 가리지 않고요.

음악, 그림, 책, 예술은 서로 이어져 있어 무엇이든지 공부가 돼요. 많이 보고 듣고 느끼세요.

마지막으로, 끊임없이 생각하고 또 새로운 방향으로도 생각해 보세요. 고정관념을 버리는 것도 중요하답니다.

Q8. 가장 존경하는, 닮고 싶은 배우는 누구인가요? 또 앞으로 사람들에게 어떤 배우로 기억되고 싶은가요?

안성기 선생님을 존경해요. 후배들을 많이 아껴 주시고 베풀어 주시거든요. 저 역시 세월이 흐를수록 가슴 따뜻한 향기 있는 배우 하지원이 되고 싶어요. 무엇보다 후배들에게 인정받는 배우가 되고 싶어요.

Q9. 배우가 되고 싶은 어린이들에게 꼭 해 주고 싶은 말이 있다면?

모든 것을 눈으로 담으려 하지 말고 '가슴'으로 보고, 듣고, 느꼈으면 해요. 가슴이 따뜻해야 많은 사람들의 인생을 연기하고 감동을 줄 수 있으니까요.

— 취재 및 정리 : 하어영 기자 〈한겨레신문〉

아야 하는 순간들이 많아요. 예를 들면, 자유롭게 쇼핑을 하거나 영화를 보러 가거나 하는 것들이 저에게는 쉽지 않은 일이에요.

또 사실이 아닌 소문에 시달려 고생하는 경우도 종종 있어요. 사실이 아니지만 그때마다 아니라고 변명할 수 없는 경우도 많고요. 혼자서 가슴앓이를 할 수 밖에 없는 상황도 있어요.

Q6. 지금까지 했던 작품 중에서 가장 기억에 남는 작품과 그 이유는 무엇인가요?

사실 저에게는 모든 작품들이 소중하죠. 하지만 그중에서도 〈다모〉라는 작품은 10개월 동안 내가 아닌 채옥이가 되어서 울고 웃으며 가슴 아픈 사랑을 하면서 많은 것을 배웠어요. 최초로 '드라마 폐인'이라는 말이 생겨날 만큼 인기를 끌기도 했고요. 제가 드라마 끝나고 채옥이라는 인물에서 하지원으로 돌아오기까지 많은 시간과 노력이 필요하기도 했어요. 그 작품 뒤로 팬들도 많이 생기고 하지원이라는 이름을 더 알리게 됐다고 생각해요.

"아~ 꼬인다. 꼬여!"

아빠는 몇 시간째 사무실 책상에 앉아 꼬인 촬영 일정을 정리하느라 머리를 쥐어짜고 있었다. 나는 그 옆에서 간만에 찾아온 달콤한 휴식을 만끽하고 있었다.

그때 한 아저씨가 다급한 표정으로 아빠에게 달려왔다.

"봉추야! 나 좀 살려 다오!"

"야, 기필코! 다짜고짜 그게 무슨 소리냐?"

"봉추 네가 내년 계획까지 꽉 찼다는 유재식도 섭외했다며?"

유재식 아저씨 섭외 얘기가 나오자 아빠는 말투부터 달라졌다.

"내가 원래 섭외는 좀 하지. 오죽하면 내 별명이 '섭외의 달인'이겠냐. 음하하하하!"

"잘됐다! 섭외의 달인 봉추야, 최고봉 나빛나 인터뷰 섭외 좀 해 주라."

"뭐? 최, 최고봉……나, 나빛나 부부?"

아빠는 깜짝 놀라 되물었다.

"그래! 오늘 새벽에 최고봉, 나빛나 부부가 결혼 13년 만에 네 쌍둥이를 낳았는데, 모든 취재진과 인터뷰 절대 사절이라는 거야."

최고봉 나빛나 부부는 최고의 스타 부부이지만 방송계에서는 인터뷰 안 해 주기로 소문난 부부이기도 했다. '기필코' 기자 아저씨는 금방이라도 울 것 같은 표정으로 애원과 협박을 골고루 섞어 가며 아빠에게 매달렸다.

마음 약한 아빠는 결국 울며 겨자 먹는 표정으로 필코 아저씨와 함께 취재 현장으로 출발했다. 왠지 흥미진진한 일이 펼쳐질 것 같아 나도 얼른 따라나섰다.

병원 앞은 이미 벌떼처럼 몰려든 취재진과 중계차들로 아수라장이 되어

있었다. 그런 취재진들의 출입을 막기 위해 검은 양복을 입은 경호원들이 환자와 가족들만 일일이 확인해서 병원 안으로 들여보내고 있었다.

"출입문을 철통같이 지키고 있는걸."

함께 온 카메라 기자 아저씨가 말했다. 하지만 우리는 무슨 수를 써서라도 병원 안으로 들어가야 했다. 그래야 최고봉 나빛나 부부를 만나 인터뷰 좀 해 달라고 사정이라도 해 볼 것 아니겠는가!

"병원 안으로 들어가는 문이 저기 하나뿐이에요?"

"다른 출입구들은 벌써 다 막아 버렸어."

영화에서는 첩보원들이 목표한 건물의 내부 지도를 펼쳐 놓고 비밀 통로를 찾아내기도 하던데, 우리는 그저 병원 정문만 째려보고 있으니 답답했다.

그러다 번쩍 기가 막힌 생각이 떠올랐다.

동생을 낳으러 혼자 병원에 들어간 엄마를 찾아온 가족처럼 연기를 해서 안으로 들어가는 것이다. 나의 제안에 모두들 갸우뚱했지만, 그렇다고 딱히

다른 방법도 없으니 한번 시도해 보기로 했다.

사람 수가 많으면 의심을 받을 수 있기에 아빠와 카메라 기자 아저씨는 차에서 기다리기로 하고, 직접 취재를 해야 하는 기필코 아저씨가 아빠, 내가 아들 역할을 하기로 했다. 대단한 연기력을 요구하는 작전인지라 나는 잠시 감정을 잡으며 심호흡을 했다. 그러고는 울면서 냅다 병원 정문으로 돌진했다.

"엄마!"

그 뒤를 필코 아저씨가 가방(직접 촬영을 하기 위한 ENG 카메라[20]를 넣어 두었다.)을 맨 채 헐레벌떡 뛰어오며 외쳤다.

"여, 여보!"

경호원들은 어떻게 왔냐며 잽싸게 우릴 막아 세우려 했다. 경호원들을 요리조리 피해 보려다가 내가 그만 계단을 헛디뎌 넘어지고 말았다. 그러자 지켜보던 취재진들이 어린아이가 쓰러졌다며 술렁이기 시작했다. 취재진의 눈이 무서웠는지 당황한 경호원들이 나를 얼른 부축해 주었다.

"흑흑흑. 엄마가 혼자서 동생을 낳으러⋯⋯."

나의 눈물 연기는 절정에 다다랐다. 그러자 경호원들은 두말없이 곧장 안으로 들어가라고 했다.

'앗싸!'

오늘 저녁 9시 뉴스 데드라인(기사 마감 시간)을 맞추려면 시간이 얼마 남지 않았다. 병원 안으로 들어오는 데 성공한 우리는 종종걸음으로 스타 부부의 병실을 찾아갔다. 병실을 찾는 것은 쉬웠지만 병실 문은 '절대 안정'이란 푯말과 함께 굳게 닫혀 있었다.

"혹시 병실 안에 없는 거 아닐까?"

기자의 직감이었을까? 아저씨는 스타 부부가 혹시 신생아실에 가 있을지도 모른다며 거기에 가 보겠다고 했다. 나에겐 병실 앞을 잘 지키다가 문이 열리면 휴대폰으로 연락하라는 특명을 내렸다.

병실 문을 노려보며 마음속으로 '열려라 참깨!' 하고 주문을 수십 번도 더 외쳤다. 하지만 열리라는 문도, 오라는 아저씨도 감감무소식이었다. 초조함과 짜증이 뒤엉켜 스멀스멀 밀려왔다.

"에잇! 이러다 오늘 취재 허탕 치는 거 아냐?"

"허탕이라니! 기필코 사전에 특종은 있어도, 허탕은 없다!"

"아, 아저……씨!"

호탕하게 웃는 필코 아저씨 옆에 최고봉 나빛나 아저씨 아줌마가 함께 서 있는 게 아닌가? 게다가 필코 아저씨가 끄는 신생아 유모차 안에는 천사 같은 네쌍둥이 아가

들이 꼬물꼬물 자고 있었다.

"와우!"

난생처음 네쌍둥이 본 것도 '와우!' 무슨 수를 썼는지 몰라도 스타 부부를 설득한 필코 아저씨의 섭외력도 '와우!'였다.

병실 안에서 인터뷰가 진행되는 동안 나는 네쌍둥이 아가들이 울지 않도록 온갖 재밌는 표정과 동작으로 쇼를 했다.

"특종 성공!"

우리를 애타게 기다리던 아빠와 카메라 기자 아저씨가 더 흥분했다. 하지만 특종의 기쁨을 누리는 것도 잠시, 부리나케 방송국으로 들어가야 했다. 내가 아빠와 카메라 기자 아저씨에게 병원 안에서의 흥미진진한 이야기를 늘어놓는 동안 필코 아저씨는 사뭇 진지한 표정으로 수첩에 오늘 취재한 기사를 써 내려갔다. 그제야 진짜 기자처럼 보였다.

방송국에 내리자마자 필코 아저씨와 카메라 기자 아저씨는 촬영 테이프를 들고 편집실로 부리나케 뛰어갔다. 나는 뉴스가 어떻게 방송될까 궁금해서, 아저씨에게 방해가 되

지 않도록 투명인간처럼 조용히 따라다녔다. 뉴스 방송 시간이 바짝바짝 다가오고 있었다.

그때부터 시간과의 싸움이었다. 우선 뉴스 전체를 총괄하는 책임자에게 취재한 내용을 보고한 뒤, 촬영한 영상을 편집하고 취재 내용을 녹음하고 자막 원고 점검까지 숨 가쁘게 일을 진행했다. 자막 원고를 넘기고 나서야 아저씨는 비로소 복도 소파에 풀썩 주저앉았다.

"휴, 오늘도 간신히 맞췄네."

방송국 시계는 8시 53분을 가리켰다.

"진가야! 네 덕에 특종 건졌다! 고마워!"

"히히, 뭘요. 그런데 어떻게 설득한 거예요?"

"안 되면 되게 하라! 한번 취재하기로 마음먹었으면 중간에 포기란 없어. 될 때까지 두드리고, 또 두드리는 거야. 끈질기게! 그게 바로 나 기필코의 '기필코' 기자 정신이랄까?"

아저씨가 새삼 달라 보였다.

"진가야! 아저씨가 생방송하는 뉴스 제작실 구경시켜 주랴?"

"네!"

방송국에서 일하는 사람들도 아무나 못 들어간다는 뉴스 제작실에, 그것도 생방송 뉴스 시작 직전에는 관계자 말고는 출입이 엄격하게 통제되는 상황에, 나는 기필코 아저씨의 든든한 '빽'으로 들어갈 수 있었다.

방송 시작 전, 뉴스 제작실 안은 잡아당긴 활줄처럼 팽팽한 긴장감이 감돌았다. 스튜디오 진행 탁자에 앉아 있는 남녀 앵커는 마이크 성능도 시험해 보고, 입 풀기 운동도 하고, 뉴스 원고 읽기 연습도 했다.[21]

8시 59분. 방송 시작 1분 전이다.

잠시 뒤 뉴스 제작실 한쪽 모니터에서 시간을 알리는 화면이 나왔다.

ON AIR

[21] **앵커(Anchor)**는 뉴스를 전달하고 진행하는 사람을 말해요. 단순히 정해진 원고만 읽는 것이 아니라 원고를 기초로 나름의 해설과 논평을 곁들이는 해설자 역할을 합니다. 때로는 직접 취재 현장에 뛰어들어 취재 보도를 하기도 하고요. 다시 말해 앵커는 뉴스의 기획에서부터 취재, 편집, 기사 순서 배치, 방송에 이르기까지 모든 뉴스 제작 과정에 참여해요. 이런 뉴스 앵커는 방송 기자나 아나운서 중에서 방송국 내 선출 과정을 통해 뽑지요.

텔레비전과 라디오 방송을 통해 하루에도 몇 번씩 접하게 되는 뉴스. 과연 뉴스는 어떻게 방송되는 걸까요? 뉴스를 직접 진행하는 앵커 뒤를 살짝 따라가 봐요.

분장실 뉴스를 진행하기 때문에 시청자들에게 신뢰감을 줄 수 있는 단정한 차림의 정장을 주로 입어요. 화장도 단아하게 해요.

보도본부 편집팀 분장과 의상을 마쳤다고 곧장 뉴스 제작실로 가는 게 아니에요. 매 시간마다 뉴스 기사를 선별하는 보도본부 편집팀으로 가서 기자들이 취재한 기사들을 골라서 수

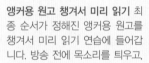

정, 보완하고 중요도에 따라 방송 순서를 정해요.

앵커용 원고 챙겨서 미리 읽기 최종 순서가 정해진 앵커용 원고를 챙겨서 미리 읽기 연습에 들어갑니다. 방송 전에 목소리를 틔우고, 긴장된 입 근육도 풀어 주는 준비 운동과도 같은 과정이지요.

뉴스 제작실로 고고씽 뉴스 시작 시간이 거의 다 되면 뉴스 원고와 진행표뿐 아니라 방송 중간중간 화장을 수정할 수 있는 분첩과 손거울을 챙겨서 뉴스 제작실로 들어가요. 마이크 성능 시험, 카메라 모니터 시험 등을 한 다음, 시간이 남으면 다시 한 번 원고를 읽어 보며 방송을 준비해요.

드디어 방송! 주로 가지고 있는 원고를 보며 진행하지만, 뉴스 도중 갑작스럽게 들어온 속보 기사 등은 중간중간 카메라 쪽에 설치된 프롬프터라는 보조 수단을 보면서 진행하지요.

"신토불이 우리 한우가 아홉 시를 알려드립니다."

띠– 띠– 띠– 띵–!

"안녕하십니까? 7월 16일 목요일 9시 뉴스를 시작하겠습니다."

뉴스는 정각 9시에 정확하게 시작되었다.

남자 앵커인 정확도 아저씨와 여자 앵커인 신속해 아줌마의 목소리는 딱 떨어지는 양복처럼 품위 있으면서도 힘이 느껴졌다. 앵커들은 뉴스 원고와 카메라 밑에 붙어 있는 프롬프터[22]를 번갈아 보면서 한 치의 실수도 없이 신속하고, 정확하게 뉴스를 진행해 나갔다.

"연예계 소문난 잉꼬부부죠. 최고봉 나빛나 부부의 네쌍둥이 출산 소식을 단독 취재했습니다. 기필코 기잡니다."

[22] **프롬프터(prompter)**
뉴스 원고를 보여 주는 보조 장치로, 카메라 앞에 붙어 있어 뉴스 앵커들이 카메라를 보면서 자연스레 뉴스 원고를 볼 수 있도록 해 줍니다.

남녀 앵커들의 소개 멘트와 함께 모니터 안에서 필코 아저씨의 취재 뉴스가 나왔다.

"네. 여기는 톱스타 부부인 최고봉 나빛나 부부의 네쌍둥이 출산 현장입니다. 영화배우인 나빛나 씨가 오늘 새벽 3시 52분경 2분 30초 간격으로 1남3녀 네쌍둥이를 낳았습니다. 결혼 13년 만에 어렵게 낳은 네쌍둥이여서 세간의 이목이 더욱 집중되고 있는데요.…… 지금까지 출산 현장에서 NBS 뉴스 기. 필. 코. 였습니다."

첩보 영화를 방불케 하는 작전으로 하루를 꼬박 취재한 필코 아저씨의 뉴스는 딱 1분 4초 방송되었다.

뉴스가 끝나고 뉴스 제작실을 나오자 아빠가 기다리고 있었다.

"어이 기필코! 특종 잘 봤다."

필코 아저씨는 장난스러운 표정으로 맞장구를 쳤다.

"으이구, 매일 데드라인 때문에 머리가 빠질 지경이다."

"조심해라! 그러다 데드라인 때문에 대머리 될라."

"뭐라구? 하하하."

아빠와 아저씨가 농담을 주고받는 동안 나는 고민에 빠졌다. 요즘 들어 PD라는 직업이 점점 끌렸는데, 오늘 보니 기자라는 직업도 무척 멋져 보였다.

"아, PD도 되고 싶고 기자도 되고 싶고, 이것이 문제로다!"

그러자 아저씨가 대뜸 말했다.

"그럼 피자 하렴!"

"네? 피자요?"

나는 지글지글 맛있는 피자를 떠올렸다.

"아들아, 먹는 피자가 아니란다. 피디가 때에 따라서 뉴스 팀에서 기자 역할을 하게 되기도 하는데, 그럴 때 피디의 '피'와 기자의 '자'를 합쳐서 '피자'라고 해."

"와! 그런 직업도 있구나!"

나의 고민이 한방에 해결되었다.

"아무튼 오늘 똘똘한 마징가 덕분에 나 완전 살았다! 그런 의미로다가 내가 오늘 피자 한 판 쏜다!"

아빠와 나는 동시에 폴짝 뛰며 외쳤다.

"앗싸!"

방송 기자

뉴스는 내 손안에 있소이다!

내가 간다!

뉴스는 세상 구석구석에서 시시각각 일어나는 새로운 소식들을 매일 안방까지 빠르고 정확하게 전달해 주어요.

뉴스는 신속하고, 정확하고, 현장감이 중요하기 때문에 언제나 생방송이지요. 그래서 뉴스를 펄펄 살아 움직이는 '갓 잡아 올린 물고기'에 비유하기도 해요. 죽은 물고기가 그렇듯 지나간 뉴스도 상품 가치가 뚝 떨어지지요.

그렇다면 '뉴스'라는 싱싱한 물고기를 날마다 잡아서 우리 안방까지 전달해 주는 사람들은 대체 누구일까요? 바로 사건 사고가 있는 곳이면 지구 어디라도 동에 번쩍! 서에 번쩍! 달려가는 방송 기자랍니다.

기자들은 언제 어디서나 주어진 상황에 적응을 잘해야 해요. 그래야만 새로운 뉴스를 누구보다도 발 빠르고, 정확하게 취재하고 전달할 수 있거든요.

방송 기자는 옳지 못한 일을 사회에 알려 올바른 방향으로 나아갈 수 있도록 하는 일을 하지요. 그렇기 때문에 정의감과 냉철한 비판 정신, 진실을 꿰뚫어 보는 눈을 가지고 있어야 해요. 이것을 '기자 정신'이라고도 하지요.

방송 기자는 24시간 귀가 열려 있어야 해요. 언제 어디서나 무엇이든 호기심을 갖고 귀 기울여 들

오늘 중부지방에 내린 폭설로 인해..

폭설 대설주의보

박대기 기자

바쁘다 바빠

을 준비가 되어 있어야만 남보다 좋은 기삿거리를 얻을 수 있으니까요. 그리고 귀에 담은 이야깃거리를 바로바로 메모하는 습관도 잊어서는 안 되겠지요?

　같은 기자라도 방송 기자와 신문 기자는 취재 과정이 조금 달라요. 신문 기자는 신문에 실을 글로 된 기사를 쓰고, 방송 기자는 텔레비전과 라디오 방송 등에 보여 주고 들려주는 기사를 써야 하기 때문이에요. 그래서 같은 현장에서 취재를 하더라도 신문 기자들은 취재한 기사를 신문사로 전송하면 끝이지만, 방송 기자는 현장 취재 및 카메라 촬영을 한 뒤 곧장 방송국에 돌아가야 해요. 촬영한 화면을 편집하고, 취재 내용을 녹음하고, 화면에 필요한 도표 등을 컴퓨터 그래픽으로 만들고, 자막까지 넣어서 완성된 편집 테이프를 뉴스 제작실에 넘겨야만 취재 과정이 비로소 끝이 나요.

바빠서
이만

다짜고짜 인터뷰

MBC 사회부 기자

성지영

Q1. 아른아른 어린 시절 꿈은?

처음 기자가 되고 싶다고 생각한 것은 초등학교 5학년 때였어요. 그때는 신문에 나오는 한자를 공부하기 위해 기사를 정리해서 숙제로 가져갔거든요. 신문에 잘 모르는 기사가 나오면 부모님께 여쭤 보곤 했는데, 아버지와 이야기를 나누면서 기자가 되면 이 모든 문제에 대해 잘 알 수 있겠구나 하는 생각을 했었답니다.

저요!
저요!

Q2. 될 성 부른 나무 떡잎부터 알아본다?

발표를 좀 잘했는데, 무엇보다 발표에 대한 두려움이 없었던 것 같아요. 의견을 말하는 데 주저하지 않는 편이었거든요. 그리고

글쓰기와 책 읽기를 참 좋아했어요.

어릴 때는 돈의 가치를 모두 책값으로 환산해 말하기도 했어요. 예를 들어 떡볶이가 5백 원이면 제가 제일 좋아한 창비아동문고 한 권에 1천5백 원이었죠. 떡볶이를 세 번 참으면 그 책을 한 권 살 수 있다는 식으로 계산해서 책을 사 모으곤 했어요.

Q3. 그래, 결심했어! 기자가 될 거야!

중·고등학교 때는 신문과 방송 뉴스를 챙겨 봤어요. 그때 근현대사와 관련한 드라마들이 쏟아져 나오면서 역사에 관심을 가지기 시작했죠. 대학교 전공도 역사였어요. 역사책 읽는 것을 유난히 좋아했지만 역사를 공부할수록 아쉬움이 생겼어요. 지나간 역사를 아는 것에서 그치는 것이 아니라 지금 변화가 일어나고 있는 현장, 사회 현실에 대해 알고 싶다는 욕심이 났죠. 그래서 현장의 중심부에서 할 수 있는 일, 사회에 변화를 일으키는 일이 뭘까 고민하다가 기자가 가장 적당하다고 생각했어요.

Q4. 이럴 때 내 일이 '정말' 좋아!

세상이 아름다워지는 데 도움이 된다는 생각이 들 때 가장 기뻐요. 기자가 아주 큰 것을 바꿀 수는 없어도 작은 출발을 일으키는 힘이 될 수 있다고 생각해요. 소소한 불편을 겪고 있는 사람들, 누군가 나서서 얘기해 주지 않는 억울한 사연들을 대신 들어 주고 문제점을 알릴 때 뿌듯함을 느끼죠. 좀 어려운 얘기지만, 방송을 내보내는 공중파는 공공의 재산입니다. 공공의 재산을 이용하는 방송 뉴스는 여러 사람들의 이익, 다시 말해 공익을 위해서 사용해야 해요. 누구보다 돈이 없고 배운 게 조금 부족한 사람들에게 기자들의 도움이 더 필요하죠. 사회적 약자가 부당한 대우

를 받을 때 손을 내밀 수 있는 기자이고 싶어요. 지금도 그런 점이 기자로서 가장 행복합니다.

Q5. 기자라서 요건 '쪼끔' 괴로워!

문제점을 파헤치고 고발하는 일은 기자에게는 숙명이죠. 하지만 다른 사람이 실수한 일들, 잘못된 관행을 밝혀내기란 쉽지 않아요. 특히 거짓말을 밝혀내려면 본의 아니게 여러 사람들을 괴롭혀야 합니다. 물론 잘못된 일을 한 사람들이지만 잘못을 인정하게 하기 위해 쫓아다니는 일은 괴로운 일이죠.

중국에 가서 한국 전쟁에 참전한 조선인을 만났는데 혹시나 북한에 있는 가족에게 해가 돌아갈까 걱정하여 얘기를 수첩에 적지 못하게 하는 거예요. 그래서 인터뷰 내용을 외우려고 얼마나 노력했던지, 문밖을 나오자마자 수첩에

그분의 얘기를 되새기며 써 내려갔던 기억이 새록새록합니다. 가장 마음이 아픈 취재 중 하나는 '씨랜드 사건'이었어요. 1999년 여름, 유치원생들이 화재로 한꺼번에 목숨을 잃은 사고였죠. 어른들의 잘못으로 아무 죄 없는 어린이들이 고통받으며 숨졌다는 사실에 취재하는 내내 유가족들과 함께 울면서 참 많이 아팠습니다.

Q6. 기자가 되고 싶다면, 나처럼 해 봐!

신문이나 방송 기사를 챙겨 보세요. 인터넷 댓글처럼 다른 사람의 의견을 먼저 접하기보다는 원 기사를 읽고 내가 무슨 생각을 하게 되는지 차근차근 정리해 보세요. 그것을 간단하게 일기에 몇 줄이라도 적어 본 뒤, 며칠 뒤에

다시 보면 처음에 보이지 않던 실수가 눈에 보일 겁니다. 낱말이나 문장, 아니면 이렇게 표현하면 좋겠다 싶은 말들이요.

방송 기자는 상황을 정확하게 전달하는 게 중요해요. 여러분들도 오늘 학교에서 무슨 일이 있었는지 중요하거나 특징 있는 일을 두세 가지 추려서 가족에게 설명을 해 보세요. 관심있는 일이나 사물, 사건이 생기면 백과사전이나 책을 이용해 조사도 해 보세요. 여러분만의 기자 수첩을 따로 만들어도 좋고, 일기장을 이용해도 좋아요. 코끼리가 돌을 던

졌다고 의심을 받은 사건이 있다고 해 봅시다. 그럼 코끼리에 대해 조사를 하고, 어떤 기사들이 있었는지 정리해 보는 것도 좋겠죠. 기사들을 서로 비교해 보고 다른 점은 무엇인지 확인해 보세요.

Q7. 기자가 되고 싶은 어린이들에게 꼭 해 주고 싶은 말이 있다면?

책을 많이 읽었으면 좋겠고, 따뜻한 마음을 지녔으면 좋겠어요. 머리가 아무리 좋아도 다른 사람의 마음을 이해하려는 노력 없이 좋은 기자가 되기는 어렵다고 생각해요. 기자들은 결국 좋은 사회, 좋은 세상을 만들기 위해 노력하는 사람들이니까요. 왜 내가 기자를 하고 싶은지 곰곰이 생각해 보세요. 어떤 기자로 살아갈지 결정하는 것은 내가 어떻게 살고 싶은지 생각해 보는 것과 같아요. 직업은 그 수단인 거죠. 어떤 직업을 가져야겠다 생각하기 전에, 어떻게 살고 싶은지 곰곰이 생각하고 따져 봐야 한다고 봐요. 미래의 기자 후배님들, 언젠가 만날 날을 기다리고 있을게요.

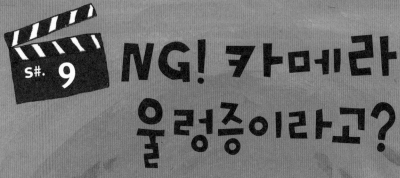

S#. 9 NG! 카메라 울렁증이라고?

방송 녹화 날이 점점 다가오자, 해야 할 일이 줄어들기는커녕 끝도 없이 늘어만 갔다.

　"우씨! 이 일 저 일 다 시키면서 무조건 빨리 가져오라는 건 무슨 말이래? 내가 무슨 퀵 서비스 맨이야?!"

　나는 화난 코뿔소처럼 콧바람을 씩씩거리며 나왔다. 이번에는 축하 공연을 해 줄 가수 매니저들에게 가서 MR[23]인지 AR인지 방송 CD를 받아 오라는 대단히 훌륭하신(흥!) 아빠의 심부름이었다.

　방송국에서 2주 넘게 FD 생활을 하고 있는 나의 결론은 이렇다.

　'PD도 PD의 일이 따로 있다! 작가도 작가의 일이 따로 있다! 그러나 일 잘하는 FD는 FD의 일이 따로 없다!'

　PD들이 시키는 일도 척척! 작가 누나들이 시키는

[23] MR · AR · VR

MR : 'Music Recorded'의 줄임말로, 음악 곧 반주만 녹음된 것을 말해요.

AR : 'All Recorded'의 줄임말로, 반주뿐 아니라 노래 목소리까지 모두 녹음 되어 있는 것을 말해요. 흔히 가수들 이 립싱크를 할 때 이 AR을 쓰지요.

VR : 'Voice Recorded'의 줄임말로, 반주 없이 노래 목소리만 녹음된 것을 말 해요.

일도 척척! 내가 뭐든지 척척 잘하는 FD라는 이유만으로 모두들 나에게만 일을 시키는 것 같다.

"어휴, 일 잘하는 내가 참아야지! 아무튼 내가 없으면 우리 팀은 도무지 돌아가지 않는다니까!"

그렇게 생각하니 부글부글 끓던 마음도 서서히 누그러졌다.

공개 스튜디오[24]에 가까워지자 시끄러운 음악 소리가 쩌렁쩌렁 울려왔다. 스튜디오 안은 한 시간 뒤에 있을 생방송 음악 프로그램의 예행 연습으로 몹시 분주했다. 무대 옆 대기실에서는 가수들이 자기 차례를 기다리며 백댄서들과 안무 연습이 한창이었다. 그때 무대 위 화려한 조명이 켜지면서 음악이 나오자, 자그마한 여가수가 뛰어나오며 노래를 시작했다.

[24] 공개 스튜디오
일반 시청자들의 프로그램 참여와 관심을 얻기 위해 방송 녹화 현장을 공개하는 스튜디오로, 공연 방송 등을 할 때 주로 사용되어요.

"어, 남보아?"

다시 한 번 무대를 뚫어져라 쳐다봤다. 맞다. 교장 선생님이 조회 때마다 자랑하시던 '우리 학교가 배출한 연예인 1호, 인기 아이돌 가수 남보아'였다. 좀 더 정확하게 말하자면 남보아 '누나'다.

'쳇, 학교에서는 한 번도 못 봤는데 여기서 보네.'

남보아는 1학년 때부터 연예 기획사에 들어가 가수 연습생을 하는 바람에 거의 학교에 나온 적이 없고, 어쩌다 학교에 오면 남보아를 보기 위해 몰려든 아이들로 학교가 발칵 뒤집히곤 했다. 내가 남보아를 아주 잠깐이었지만 제대로 본 건 딱 한 번, 그것도 학교가 아닌 학교 근처 문방구 앞에서였다.

지난해, 그러니까 내가 4학년 남보아가 6학년일 때다. 개교기념일이라 학교도 쉬겠다 아침 일찍부터 놀러 나온 나는 단짝 경욱이랑 학교 근처 단골 문방구 앞에 쭈그리고 앉아서 신나게 오락기를 두드리고 있었다.

그때, 우리 등 뒤로 커다란 승용차 한 대가 서더니, 창문이 스르르 열렸다.

"나, 나, 남보아…… 흡!"

평소 남보아 광팬이었던 경욱이는 화들짝 놀라 제 입을 막았다.

남보아는 우리를 힐끗 훑어보고는 말을 걸었다.

"얘들아! 오늘 학교 쉬는 날이니?"

경욱이는 꿀 먹은 벙어리처럼 고개만 끄덕였다.

"왜?"

경욱이는 잔뜩 긴장을 해서는 말까지 버벅거렸다.

"개, 개, 개교 기, 기념일이거든……요."

'이거든…요?'

기가 막혔다. 우리랑 두 살밖에 차이 안 나는 6학년한테 '요'까지 붙여서 높임말을 하다니, 경욱이는 우리 4학년 망신을 다 시켰다.

"어머, 개교기념일? 오랜만에 바쁜 일정까지 비우고 학교 왔는데……."

113

남보아는 곁에 앉아 있는 매니저와 뭐라뭐라 얘기를 주고받더니 우리를 향해 고개만 한 번 까딱하고는 부릉~ 사라져 버렸다.

"아니 뭐야! 고맙단 말도 안 하고 그냥 가?"

버럭 화가 치밀어 올랐다. 거만하게 가 버린 남보아보다 그런 남보아를 조금이라도 더 보고 싶어서 멍하니 서 있는 경욱이가 더욱 거슬렸다. 경욱이의 두 눈은 이미 하트 모양으로 완전 변해 있었다.

"야! 이경욱! 남보아 벌써 갔거든!"

그제야 정신이 좀 돌아왔는지 경욱이는 헤벌쭉 웃으며 말했다.

"흐흐, 남보아 누나 진짜 이쁘지 않냐? 꼭 예쁜 꽃다발 같아."

"흥! 남보아 걔는 꽃다발은 꽃다발인데 완전 재수꽃다발이거든!"

"야! 너 왜 누나한테 걔라고 하냐?"

"누나는 무슨! 지가 연예인이면 다야? 비싼 차 타고 와서 웬 똥폼이야. 남보아 걔는 보나마나 왕재수야!"

아무튼 그 일이 있은 뒤부터 나는 남보아가 무작정 거슬렸다. 그리하여 경욱이를 뺀 나머지 우리 일당들은 남보아를 '누나'가 아니라 '보나마나 왕재수'라고 부르기 시작했다.

그런데 지금 '보나마나 왕재수'가 무대 위에서 한껏 폼을 잡고 노래를 부르고 있다. 계속 지켜볼 이유가 없을 것 같아 막 뒤돌아서려는데, 갑자기 남보아가 부르던 노래를 멈추고는 당황해서 어쩔 줄을 몰라 하는 것이 아닌가!

"컷! 컷!"[25]

PD의 고함 소리가 스튜디오 안을 쩌렁 울렸다. 넓은 공개 스튜디오 안이 순간적으로 얼어붙은 듯 싸늘해졌다. 담당 PD, AD, 안무가 등으로 보이는 몇 명의 제작진들이 무대 위로 뛰어 올라갔다.

"남보아! 무대만 올라가면 왜 자꾸 가사를 까먹는 거야?"

"죄송합니다. 카, 카, 카메라 울렁증 때문에……."

"지난번 생방송 때도 울렁증 타령이더니 오늘도 또

울렁증이야? 무대에서만큼은 넌 어린애가 아니야! 전문 가수라고!"

"네. 죄송합니다. 다시 하겠습니다."

연습은 다시 시작되었고, 남보아는 그 뒤로도 몇 번의 NG를 계속 냈다.

카메라 울렁증이란 게 그렇게 무서운 것일까? 무대 뒤에서는 펄펄 날다가도 무대 위에만 올라가면 노랫말도, 안무도 새까맣게 잊어버리다니 나는 도무지 이해가 되지 않았다. 남들은 내가 '방송국 알레르기'라는 병을 앓고 있다고 하면 이해가 안 된다며 어이없어 했는데, '카메라 울렁증'도 '방송국 알레르기'만큼이나 남들이 보기에는 참 어이없고 대책 없는 병인 것 같다.

남보아는 누구보다도 열심히 땀을 흘리며 무대 위에서 노래를 부르고 춤을 추었다. 하지만 NG, NG, 또 NG!

그때마다 남보아는 제작진들과 다음 차례를 기다리는 다른 가수들의 눈치를 봐야만 했다. 하지만 무대 위의 남보아는 절대 울지 않았다.

무대 뒤로 내려오는 남보아의 축 쳐진 어깨가 유난히 가냘파 보였다. 남보아는 스튜디오 한쪽 구석 어둠 속으로 터덜터덜 걸어 들어갔다. 나는 그 뒤를 슬그머니 따라가 보았다.

남보아는 아무도 없이 혼자서, 바보처럼 큰 소리도 못 내고 눈물만 뚝뚝 흘리고 있었다. 초등학생도 아닌, 중학생이나 되어 가지고선.

"자."

나도 모르게 남보아에게 휴지를 건넸다. 그리고 초고속으로 후회했다. 드라마나 영화 같은 데서 보면 울고 있는 여자 주인공에게 남자 주인공이 나타나 새하얀 손수건을 건네 주고는 말없이 사라진다. 그런데 나의 현실은?

울고 있는 남보아에게 다가가 내가 주머니에서 꺼내 준 건 새하얀 손수건이 아니라 꼬깃꼬깃하다 못해 너덜거리기까지 한 햄버거 가게 휴지 뭉치였다. 너무 창피해서 뽕 하고 사라질 수도, 서 있을 수도 없는 이 상황이 무지무지 무한대로 후회스럽다.

'이런 젠장! 왜 끼어들어 가지고선…….'

남보아는 울다가 말고 멍한 표정으로 내 얼굴과 내가 내민 부끄럽기 짝이 없는 휴지 뭉치를 번갈아 가며 쳐다보았다. 이 어색한 분위기를 탈출하기 위해선 무슨 말이라도 건네야 하는데, 딱히 할 말이 떠오르지 않았다.

"남보아! 마지막 연습 준비해 주세요!"

제작진이 남보아의 차례를 알리자, 남보아는 내가 준 휴지로 눈물을 쓱쓱 닦더니 나를 향해 씨익 웃었다. 그러고는 힘차게 무대 쪽으로 뛰어갔다.

"에잇! 저게 고맙단 말도 안 하고 또 그냥 가네."

하지만 그러고 간 남보아가 왠지 예전처럼 무작정 얄밉지만은 않았다. 남보아의 음악 앞부분이 다시 흘러나오기 시작했다.

'나도 이러고 있을 때가 아니지! 방송 CD!'

나는 맡은 일을 핑계 삼아 남보아의 무대 연습을 보지 않기로 했다. 솔직히 말하면 내가 무대 위에서 노래 부르는 것도 아닌데 너무 긴장이 되어 도저히 지켜볼 자신이 없었다. 나는 얼른 스튜디오를 빠져나와 대기실로 향했다. 멀리서 남보아의 노랫소리가 들리는 것 같다.

'남보아, 아니 남보아 누나! 힘내!'

심부름을 무사히 마치고, 아빠와 함께 간식을 먹기 위해 구내식당으로 가는 길이었다. 어디선가 남보아의 노랫소리가 들렸다. 휴게실 한쪽 벽면에 붙은 대형 텔레비전에서였다. 아까 무대 연습을 했던 음악 프로그램이 생방송 중이었고, 그 무대에서 남보아가 노래를 부르고 있었다.

나는 어느새 휴게실 대형 텔레비전 앞으로 성큼성큼 다가갔다. 남보아가 노래를 하는 내내 가슴이 조마조마해서 손에 땀까지 날 지경이었다. 마음속으로는 주문처럼 '제발, 제발'을 되뇌었다.

남보아는 언제 카메라 울렁증이 있었냐는 듯 무대 위에서 훨훨 날았다. 관객들의 박수와 함성이 여기까지 들리는 것 같았다. 너무나도 멋진 무대였다.

자고 일어나니 스타가 된 거라고? 그건 연예인들이 흘린 눈물을 보지 못한 사람들이 떠드는 속 빈 말이다. 나 또한 연예인은 폼에 살고 폼에 죽는 '폼생폼사'라고만 생각했다. 하지만 내가 본 연예인은 '폼생폼사'가 아니라 '땀생땀

사'였다. 무대 뒤에서 흘린 땀에 살고, 무대 위에서 땀 흘리다 죽는 게 바로 연예인이라는 걸 남보아를 통해 새삼 깨닫게 되었다.

"앗싸! 남보아, 넘버원! 남보아, 넘버원!"

남보아의 무대가 끝나자 나도 모르게 괴성을 질렀다. 그러자 옆에 있던 아빠가 물었다.

"너도 남보아 팬이냐?"

"패, 팬은 무슨……. 그런 거 아니거든!"

"아니면 아니지, 왜 갑자기 얼굴은 빨개지냐?"

"빨개지긴 누가 빨개져? 안 빨개졌거든!"

난 화장실로 부리나케 달려갔다. 그러곤 불난 듯 뜨거워진 얼굴을 차가운 수돗물로 연거푸 씻어 냈다. 꼭 도둑질하다가 아빠한테 들킨 것 같은 이 묘한 기분은 대체 뭘까?

"이게 다 남보아 때문이야! 아무튼 보나마나 왕재수라니까!"

말로는 이렇게 투덜댔지만, 마음속에서는 이렇게 말하고 있었다.

'남보아! 오늘부로 '보나마나 왕재수'가 아니라 '보나마나 왕프로'로 임명하 노라!'

120

가수

노래할 수 있는 무대가 만병통치약이라고?

언제 보아도, 언제 들어도 설레는 직업이지요. 그래서 주위를 보면 가수를 꿈꾸는 친구들이 참 많은 것 같아요. 눈부신 무대 조명 아래 화려한 의상을 입고, 노래하고, 춤추는 가수들의 공연을 보면 마냥 신나고 멋져 보이잖아요.

하지만 가수는 방송으로 보는 것만큼 화려하고 멋있기만 한 직업이 절대 아니랍니다. 가수는 노래를 전문적으로 부르는 사람이에요. 가수는 노래 한 곡으로 수많은 사람들에게 기쁨, 감동, 행복을 전해 주지요. 하지만 노래만 잘한다고 해서 다 가수가 되지는 않아요. 무대 위에서 멋진 모습을 선보이기 위해 무대 뒤에서 몇 년씩 연습생으로 지내며 피나는 연습을 해요. 언제 자기 노래를 부르게 될지도 모른 채 그 시간을 묵묵히 참고 견뎌야 하는 것이지요. 또 가수가 되기 전에 무대 경험을 쌓기 위해 다른 선배 가수들의 백댄서나 코러스를 하기도 한답니다. 가수로 음반을 내고 방송에 나온다고 해서 끝나는 것은 아니에요. 노래를 잘 부르는 건 기본이고, 거기에 더불어 항상 새로운 모습을 보여 주기 위해 다양한 장르의 음악, 춤, 악기 그리고 연기에 이르기까지 끊임없이 노력해서 실력을 쌓아야 하지요.

꺄아 꺅~

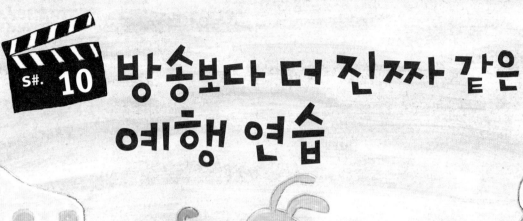

s#. 10 방송보다 더 진짜 같은 예행 연습

드디어 오늘!

한 달 전 까마득하게만 느껴졌던 방송 녹화 날이 오고야 말았다.

방송 녹화 시작 시간은 오후 2시! 하지만 이른 아침부터 제작진들의 움직임은 바빴다. 어젯밤 막바지 녹화 준비로 방송국에서 단체로 날을 샌 우리 팀은 오늘 아침 해장국을 시켜 먹으며 '힘내자' 하고 크게 외쳤다. 마치 시합을 앞둔 선수들이 승리를 향한 함성을 외치는 것처럼.

"자, 따끈따끈한 대본과 진행표가 나왔습니다."

막내 작가 누나와 나는 대본 연습실에 모인 연출 제작진들과 출연자들(일반 어린이 참가자들을 뺀 사회자, 인형극 공연팀, 성우, 축하 공연팀)에게 녹화 대본과 진행표를 나눠 주었다. 유재식 아저씨에겐 대본과 함께 프로그램 진행 순서를 적어 놓은 진행 쪽지도 따로 준비되었다.

엄마는 오늘 녹화가 어떤 순서로 진행이 되는지를 설명하기에 앞서 모인 사람들에게 당부의 말을 했다.

"오늘 특집은 어린이들의 무대이니만큼 아이들이 주인공이 되어야 합니다. 연예인 분들보다 어린이 친구들이 더욱 돋보일 수 있도록 세심한 배려 부탁 드려요. 아시겠죠?"

엄마는 역시 이번 특집 방송이라는 큰 배를 이끄는 선장다웠다.

"네."

"자, 그럼 대본 연습 시작하겠습니다!"

프로그램 시작을 알리는 사회자의 여는 말부터 순서대로 대본을 읽기 시작했다. 출연자들은 마치 마이크가 앞에 있는 것처럼 실감 나게 대본을 읽어 내려갔다. 유재식 아저씨가 중간중간 대본에도 없는 추임새를 넣어서 연습실이 웃음바다가 되곤 했다.

'와! 역시 프로는 다르구나.'

대본 연습 가운데 나의 시선을 사로잡은 건 축하 공연 중 하나인 인형극 대본 연습이었다.

다양한 종류의 인형 옷을 입은 연기자들이 성우들의 대사에 따라 입 모양과 몸짓을 딱딱 맞추며 연기하는 모습이 마술처럼 신기했다. 특히 이번 인형극의 주인공인 탈인형 뿡뿡이는 바로 눈앞에서 보아도 진짜 살아 있는 인형 같았다. 나중에 알고 보니 뿡뿡이 탈 인형을 입고 연기하는 분은 키와 몸집은 딱 나만 했지만 서른이 넘은 노련한 인형극 연기자 누나였다. 원래 탈 인형 연기자들은 키와 몸집이 작아야 제격이란다.

 30분 남짓 대본 연습을 하면서 마지막으로 대본과 진행 순서도 상황에 맞
게 조금씩 수정되었다.

 대본 연습이 끝나자 모두들 스튜디오 녹화장으로 내려갔다. 녹화장은 무대
를 만드는 마무리 작업이 한창이었다.

 '퉁탕 퉁탕 드르륵 쾅.'

26 무대 디자이너

무대 디자이너는 말 그대로 방송을 할 수 있는 녹화 무대를 디자인하는 사람이에요.

무대 디자이너는 프로그램 PD, 조명 감독 등과 함께 프로그램 특성, 무대 설치 장소, 제작비 등을 의논해서 가장 효과적인 무대를 디자인하고 무대 장치를 고안해요. 미적 감각이나 유행 감각이 뛰어나야 하는 것은 물론이고, 방송 프로그램의 특성에 대한 이해력도 필요해요. 그래야만 그에 적합한 무대를 만들 수 있으니까요.

27 카메라 예행 연습(리허설)

방송 촬영을 앞두고 실제 방송처럼 연습해 보는 과정이에요. 방송 전 예행 연습 과정이라고는 하지만 실제 방송보다 더 꼼꼼하고 정확하게 진행된답니다. 이런 예행 연습에는 단계별 순서가 있어요.

1단계 방송 의상이나 분장, 카메라 장치를 갖추지 않은 상태에서 대사와 동작, 등장과 퇴장 등을 연습하는 단계(드라이 리허설)

2단계 녹화를 하는 것처럼 카메라를 갖추고 그 앞에서 연습하는 단계(카메라 리허설)

3단계 실제 방송 녹화를 하는 것과 똑같이 방송 의상과 분장을 모두 갖추고 마지막으로 연습하는 단계(드레스 리허설)

하지만 모든 방송 프로그램이 3단계의 예행 연습을 다 하는 것은 아니에요. 방송 프로그램마다 그 특성과 상황에 맞게 1단계 또는 2단계 예행 연습을 하기도 해요.

녹화장 여기저기에서 무대 만드는 사람들의 망치질 소리, 드릴 소리가 요란했다.

엄마는 무대 디자이너[26]와 함께 무대 도면을 들고 스튜디오 구석구석을 둘러보며 마지막 수정 사항을 서로 의논했다.

무대가 완성되자, 특집에 참가하는 어린이 출연자들이 도착하기 전에 사회자와 공연팀들의 카메라 예행 연습[27]이 시작되었다. 제작진들은 재빠르게 각자 위치로 흩어졌다.

출연자들의 개인 의상 전문가들은 수십 벌은 족히 되어 보이는 의상들을 가지고 들어왔다. 그리고는 카메라 앞에서 이 옷 저 옷을 비춰 보였다.

'웬 옷들이 이렇게 많아? 패션쇼를 하려고 그러나?'

나중에 물어보니 예행 연습에 들어가기 전 준비해 온 의상들을 카메라 앞에 비춰 보며 모니터로 어떤 의상이 카메라에 잘 받는지 시험하는 것이라고 했다.

출연자들은 화장을 하러 분장실로 가고, 엄마는 다른 제작진들과 마지막 회의를 하러 간 사이, 아빠는 나에게 녹화 때 필요한 소품들을 꼼꼼히 점검해 보자고 했다. 녹화 도중 소품이 하나라도 없거나 용도에 맞지 않는 소품이 등장하는 것처럼 황당한 방송 사고는 없다면서 말이다.

그런데 앗! 나의 실수!

"마, 마술 상자를 깜빡했네!"

그만 마술 공연 때 쓸 마술 상자를 깜빡 잊고 소품실에 신청하지 않았던 것이다.

"뭐, 깜빡했다고? 그걸 말이라고 해!"

아빠가 벼락같이 화를 내며 무슨 수를 써서라도 녹화 때까지 구해 오라는 불호령을 내렸다. 아빠가 이렇게 화를 내는 모습은 처음이었다.

순간 찔끔 눈물이 나오려는 걸 간신히 참으며 소품실을 향해 눈썹이 휘날리도록 달렸다. 아빠에 대한 서운함보다 어떻게든 빨리 마술 상자를 구해야 한다는 다급한 마음이 앞섰다.

복도 맨 끝 방 소품실 문을 열자, 입가에 피를 흘리고 서 있는 드라큘라 마네킹 때문에 하마터면 벌렁 까무러칠 뻔했다. 나는 애써 씩씩한 척하며 마술 상자를 찾기 위해 두리번거리기 시작했다.

무시무시하게 생긴 가면들에서부터 희한한 장난감들, 오래된 옛날 물건 등 신기한 소품들이 빽빽하게 진열되어 있는 소품실은 만물 창고, 보물 창고가

따로 없었다. 방송국 소품실에는 없는 것 빼곤 다 있다는 작가 누나의 말이 딱 맞았다. 이것저것 만져 보고 싶은 호기심이 슬쩍 발동했지만, 지금은 빨리 마술 상자를 찾아야 할 때였다.

한참을 뒤져 마침내 마술 상자를 찾았다. 가슴에 걸렸던 커다란 돌덩이가 쑥 내려가는 것만 같았다. 기쁜 마음으로 마술 상자를 들고 나오려는데, 한쪽 구석에 통닭 한 마리가 밥상에 먹음직스럽게 누워 있는 것이 아닌가! 갑자기 잊고 있던 배고픔이 침과 함께 우르르르 밀려왔다.

"앗싸! 이게 웬 떡이냐!"

하며 나는 망설일 틈도 없이 허겁지겁 먹기 시작했다.

그런데 갑자기 누군가 등 뒤에서 버럭 소리를 쳤다.

"요 녀석! 감히 촬영 전에 소품 음식을 먹어?"

난 깜짝 놀라 그만 뜯고 있던 닭다리를 떨어뜨리고 말았다.

"촬영 전 소품 음식 먹으면 3년간 재수 없다는 말도 몰라?"

"잘 몰라서……."

"그리고 그 마술 상자! 소품실 대장인 나, 만물상의 허락도 없이 감히 어딜 가져가?"

"그것도 잘 몰라서……."

난 무조건 잘 몰랐다고, 잘못했다고 손이 발이 되게 싹싹 빌고 또 빌었다.

얼마간 따따따따 이어지던 소품실 대장인 만물상 아
저씨의 호통 연설이 끝나자 나는 슬그머니 물어보았다.

"저, 그런데요, 촬영 전 소품 음식 먹으면 진짜로 3년 간 재수 없어요?"

"당연하지! 방송국 사람들이면 다 아는 불문 율인 거 몰라?"

"잘 몰라서……."

"예끼! 계속 '잘 몰라서'만 할 거냐? 방 송 일 하는 녀석이 뭘 그렇게 모르 는 게 많아?"

"헤헤. 잘 몰라서……."

"용석아! 또 '잘 몰라서'냐?"

만물상 아저씨의 꿀밤 세례에 나는 정신이 번쩍 났다.

소품실에서의 창피한 사건을 뒤로 하고, 난 또다시 녹화 스튜디오로 달려 갔다. 다행히 연습 녹화 시작 전이었다.

예행 연습 내내 아까 소품실 만물상 아저씨가 했던 말이 머릿속에서 뱅뱅 맴돌았다.

'정말 3년간 재수 없으면 어떡하지? 에이, 설마 아니겠지!'

난 몹쓸 기억을 잊기 위해 머리를 세차게 흔들었다.

때마침 어린이 참가자들 수십 명이 스튜디오 안으로 들어오기 시작했다. 스튜디오 안은 갑자기 시끌벅적 북새통을 이루었다. 제작진들의 손발이 더욱 빨라진 가운데, 모든 출연자의 마지막 예행 연습이 무사히 끝났다.

내 인생 첫 녹화라 긴장을 한 탓인지, 아니면 소품실에서의 안 좋은 기억 때문인지 벌써 기운이 다 빠져 버린 것 같았다. 이제 겨우 예행 연습을 마쳤을 뿐, 본 녹화는 시작도 하기 전인데 말이다.

"아들, 힘내자!"

아빠가 내 어깨를 툭 치며 말했다.

"아빠도!"

나도 아빠의 어깨를 툭 치며 대답했다.

이 순간, 아빠와 내가 꼭 한 배에 탄 동지 같은 느낌이 들었다.

예행 연습을 마치고 부조정실[28]에서 내려온 엄마는 모두에게 마지막 당부를 했다.

"자! 오늘 녹화는 생방송은 아니지만, 중간에 끊거나 쉬지 않고 생방송처럼 진행하겠습니다. 그러니 녹화가 끝날 때까지 모두들 긴장해 주세요!"

"네!"

"그럼 오늘 녹화 잘 부탁 드립니다!"

"네에!"

커다란 스튜디오 안이 쩌렁 하고 울렸다.

이제 출항 채비는 모두 끝났다. 우리 배는 선장님의 힘찬 구호에 맞춰 돛을 올리고 '특집 방송 녹화'라는 섬을 향해 진짜 항해를 시작하려 한다.

---

[28] 부조정실과 주조정실

부조정실은 대개 스튜디오를 내려다볼 수 있게 스튜디오보다 높은 위치에 설치된 곳으로, PD와 기술자 등이 모여 영상, 음악, 조명 등을 다함께 조정·운영하여 가장 좋은 화면과 음성을 결정해 비디오 테이프에 담거나, 방송하는 곳이랍니다.

주조정실은 방송의 중추신경과도 같은 곳으로, 모든 프로그램을 정확한 시간에 방송하는 일을 해요. 곧 텔레비전에 나오는 모든 프로그램은 주조정실을 거쳐 특정한 시간에 정확하게 방송되는 거랍니다.

의상 전문가, 분장사

출연자를 더욱 빛나게 하라!

　방송 제작에 참여하는 다양한 분야의 제작진 중에서 녹화가 있는 날이면 출연자들을 더욱 빛나게 해 주기 위해 무대 뒤에서 노력하는 이들이 있어요. 바로 의상 전문가와 분장사랍니다.

　의상 전문가는 방송용 의상을 담당하는 일을 해요. 보통은 출연자 전원의 의상을 담당하는 프로그램 의상 전문가가 있지만, 인기 연예인들은 대부분 개인 의상 전문가를 두어 자신에게 맞는 의상을 따로 준비하는 경우가 많아요. 요즘은 의상만이 아니라 작은 액세서리부터 머리 모양과 화장까지 함께 연출을 해 주는, 좀 더 적극적인 직업으로 바뀌어 가고 있습니다.

　의상을 담당하는 직업인만큼 패션 감각이 뛰어나야 하는 것은 당연하지만, 무엇보다 프로그램 특성과, 극중 인물의 성격을 분석해 그에 어울리는 의상을 준비하는 능력이 중요해요.

　방송에서 분장사는 출연자들의 분장을 담당해요. 방송용 분장은 일반 화장과 달리 카메라와 조명 앞에서 출연자의 얼굴이나 몸을 효과적으로 잘 나타낼 수 있는 화장법이에요. 또 분장은 단순하게 출연자를 멋지고 아름답게만 내보이는 게 아니라 프로그램 특성에 맞게 한답니다. 특히 드라마의 경우에는 극중 인물의 성격과 특징을 돋보일 수 있도록 도와주는 것이 중요해요.

　주름, 상처, 점, 멍 등은 분장사가 연출해 주지만 특수한 분장을 해야 하는 경우에는 특수 분장사가 그 역할을 담당해요. 특수 분장사는 젊은 여배우를 꼬리 아홉

개 달린 구미호로 만들고, 몸짱 남자 배우를 뚱뚱한 아저씨로 만드는 등의 특수 분장 전문가랍니다. 특수 분장은 최대한 실감나면서도 자연스러워야 하기 때문에 많은 경험이 무엇보다 중요해요.

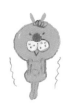

"자, 녹화 들어가겠습니다!"

인터컴[29]을 낀 아빠가 녹화 시작을 알리자
어수선했던 스튜디오 안이 조용해졌다.

나는 달리기 출발선 앞에 서 있는 것처럼 심장이
두근거리고, 손발은 차가워지고 입 안은 바짝바짝 말랐다.

"스탠바이~ 큐!"

부조정실에 있는 엄마의 우렁찬 시작 신호가 들려왔다.

드디어 시작이다!

아빠가 손짓으로 신호를 보내자, 기중기에
매달려 있던 지미집 카메라[30]가 공중에서 무
대 아래쪽으로 쑥 내려오며 유재식 아저씨를
비추었다. 유재식 아저씨는 기다렸다는 듯
특유의 호탕한 웃음으로 유쾌하게 여는 말을

[29] **인터컴(Inter-com)**
사진에서 제작진이 머리에 쓰고 있는 도구가 인터컴
이에요. 인터컴은 인터커뮤니케이션 시스템(Inter-
communication system)
의 줄임말로, 마이크가 달
려 있어 녹화 중 부조정실
에 있는 PD와 스튜디오에
서 녹화를 진행하는 AD,
FD 등이 서로 의사소통을
할 수 있어요.

시작했다.

여러 대의 카메라가 엄마의 지시에 따라 좋은 장면을 잡기 위해 바삐 움직였고, 나 또한 녹화 순서에 맞게 소품 나르랴, 다음 출연자 미리 준비시키랴, 거기에 방청객[31]들의 호응과 박수를 유도하는 바람잡이 노릇까지 하느라 눈코 뜰 새가 없었다.

녹화는 진행표 순서대로 착착 진행되어 나갔다.

나는 다음 순서인 〈내 친구 뽕뽕이〉 인형극 공연을 준비시키기 위해 무대 뒤 출연자 대기실로 갔다.

연기자들은 저마다 자기 탈 인형을 입고 나갈 채비를 하고 있는데, 갑자기 뽕뽕이 탈 인형이 배를 움켜쥐며 몸을 배배 꼬는 것이었다. 다들 연기가 실감 난다며 깔깔깔 웃었다. 그러나 뽕뽕이가 바닥에 푹 하고 쓰러지자 그제야

30 지미집(Zimizib) 카메라
높은 곳에서 아래쪽을 내려다보는 화면을 연출하기 위해 기중기 같은 장비 위에 높이 매달아 놓은 카메라로,

아래에서 리모컨으로 촬영을 조정하는 무인 카메라를 말해요.

31 방청객은 또 다른 방송 제작진!
방송계에서 방청객은 '제 2의 제작진'이라고 할 수 있어요. 출연자들과 함께 호흡하며 흥을 돋우어서 프로그램에 생동감을 불어넣어 주기 때문이지요. 방청객에는 방송을 구경하기 위해 온 방청객이 있는가 하면, 직업적으로 방청을 오는 전문 방청객도 있어요. 또 방청객들의 호응을 이끌어 내고, 방청객을 관리하는 제작진도 따로 있어요.

뭔가 일이 터졌다는 걸 깨달았
다. 공연팀 사람들이 얼른 뽕뽕이
탈을 벗기자 연기자 누나는 식은
땀을 줄줄 흘리며 괴로워했다.

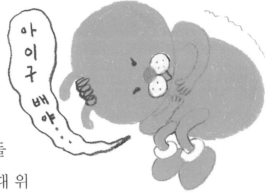

참가한 아이들의 멋진 무대와 가수들
의 화려한 축하 공연들이 어우러져 무대 위
는 축제 분위기로 열기가 점점 더해 갔다. 하지만 무대 뒤는 정반대로 완전
비상사태! 방송 사고 일보 직전!

소식을 듣고 헐레벌떡 달려온 아빠는 이곳 상황을 인터컴으로 엄마에게
전했다.

"짱 선배! 뽕뽕이 병원으로 빨리 보내야 해요. 공연은 어떡하죠?"

엄마가 무슨 말을 한 모양이다.

"네? 다른 사람으로 바꿔서 올라가라고요? 뽕뽕이 탈 인형 옷이 워낙 작
아서 입고 연기할 사람이……."

아빠는 갑자기 주위를 두리번거리다 나와 눈이 딱 마주쳤다. 그러자 나를
아래위로 훑어보더니 마치 심마니가 숲속에서 산삼이라도 발견한 것처럼 내
팔을 움켜잡으며 큰 소리로 외쳤다.

"찾았어요! 찾았어! 진가가 딱이에요!"

나는 갑자기 날아온 축구공에 맞은 것처럼 머리가 띵하면서 온몸은 냉동

인간처럼 꽁꽁 얼어붙었다. 아빠는 다짜고짜 나에게 작은 이어폰 하나를 끼워 주며 뽕뽕이 탈 인형을 입으라고 했다. 아빠의 목소리는 다급했지만 흔들림은 없었다.

"마진가, 내 말 잘 들어! 지금부터 넌 뽕뽕이야."

"아빠, 내가 어떻게……."

"걱정 마, 어떤 연기를 해야 할지는 아빠가 이어폰으로 다 말해 줄게!"

"아니, 그래도……."

"아니면 방송 사고야!"

더 이상 반항할 수도, 저항할 수도 없었다. 내 사전에 방송 사고란 절대 있을 수 없다! 또 내가 봐도 뽕뽕이 탈 인형 옷이 맞는 사람은 나밖에 없었다.

'이게 무슨 날벼락이야! 녹화 전에 소품 음식 먹으면 3년간 재수 없다더니 벌써 그 저주가 시작된 거야?'

나는 졸지에 지구 지키는 마징가에서 뻑 하면 방귀를 뀌어 대는 뽕뽕이로 변신했다. 차라리 마징가라고 놀림받는 게 낫지, 방귀쟁이 뽕뽕이가 웬 말인가! 소품 닭다리 하나 뜯은 죄가 이렇게 크단 말인가! 내 꼴이 마구마구 구겨지는 순간이었다.

뽕뽕이 연기자 누나는 구급차를 타고 병원으로 실려 갔다.

내가 뽕뽕이로 변신하는 동안 엄마는 공연 순서를 바꾸라고 지시했다. 작가 누나들은 급히 큰 종이에 뭐라고 글씨를 써서 무대 위 유재식 아저씨에게 펼쳐 보였다.

작전을 지시받은 유재식 아저씨는 재치 있게 진행 순서를 바꾸어 가수 축하 공연을 알렸다.

슈퍼키드 축하 공연 시간은 3분 40초! 우리가 모든 사태를 수습하고 무대에 올라야 할 시간이기도 했다.

인형 연기자들은 짧은 시간 동안 나에게 성우의 대사를 잘 듣고 동작을 하되, 동작은 크게 크게 하라는 등 유의 사항을 일러 주었다. 그리고 무엇보다 어리둥절해 있는 나에게 잘할 수 있다며 격려와 용기를 북돋워 주었다.

"자, 다음은 여러분이 가장 기다리고 기다리던 순서죠! 저보다 훨씬 인기 있는 친구의 무대! 여러분의 친구 〈내 친구 뽕뽕이〉를 큰 박수로 맞이해 주세요!"

유재식 아저씨의 소개말이 끝나자 환호성과 박수 소리가 울려 퍼졌다.

뽕뽕이가 된 내 눈앞은 칠흑처럼 캄캄하고, 머릿속은 백지처럼 새하얘져서 아무 생각도 나지 않았다. 무대 위에 오르자 눈부신 조명이 내리쬐어 방

청석 쪽은 아예 보이지도 않았다. 무시무시한 카메라들이 빨간 불을 내뿜으며 날 노려보고 있을 뿐이었다. 귀에 꽂은 이어폰에서는 엄마와 아빠의 목소리가 웽웽거렸고, 성우 아저씨의 목소리도 봄날 아지랑이처럼 아득하게만 들렸다. 지금 당장 무대 위에서 도망치고 싶은 마음뿐이었다.

'안 돼! 나 때문에 방송 사고를 낼 순 없어. NG는 있어도 방송 사고는 절대 안 돼!'

나는 정신을 바짝 차리고 성우 아저씨의 대사에 맞춰 연기를 하려고 노력했다. 역시 연기는 아무나 하는 게 아니었다. 뜻대로 되지 않는다. 뽕뽕이가

방귀를 뀌는 장면에서 엉거주춤 엉덩이를 내밀고 방귀 뀌는 시늉을 했다. 뜻밖에도 방청석에서 웃음이 터졌다. 그 웃음소리에 나도 조금 힘이 났다. 그래서 좀 더 과장되게 연기를 하다가 그만 발이 꼬여 꽈당 넘어지고 말았다. 그러자 아까보다 더 큰 웃음과 박수가 터져 나왔다.

"우와! 뽕뽕이 잘한다!"

방청객들은 나의 실수가 대본에 있는 '몸 개그'인 줄 아는 모양이다.

'그래, 웃음을 줄 수만 있다면 엉덩방아쯤이야 참을 수 있어!'

난 부족한 연기력을 메우려고 방귀를 뀌고 또 뀌었다. 엉덩방아를 찧고 또

찢었다. 그럴 때마다 웃음소리는 더욱 커졌다. 방청객의 웃음소리는 나를 더욱 신나게 춤추게 했다. 마치 칭찬이 고래를 춤추게 하는 것처럼.

파란만장한 특집 녹화가 마침내 끝이 났다.

녹화에 참여한 모든 제작진들과 출연자들(물론 어린이 출연자들은 빼고)은 방송국 정문 앞 허름한 치킨집으로 몰려가 조촐한 뒤풀이를 했다.

"모두들 오늘 정말 수고 많으셨습니다! 〈어린이 창작 동요 축제〉를 위하여!"

"위하여!"

서로 잔을 부딪치며 웃기도 하고, 애 많이 썼다며 서로의 등을 다독여 주기도 하는 모습이 꼭 가족 같기도 하고, 오랜 친구 같기도 했다. 왠지 코끝이 찡해진다. 문득 방송이나 영화 시상식에서 상을 타는 연예인과 감독들의 수상 소감이 떠올랐다.

"모든 영광을 촬영 내내 같이 고생한 우리 제작진들과 함께하겠습니다!"

들을 때마다 참 뻔하고 식상하다고 생각했다. 그런데 막상 이렇게 녹화를 마치고 보니 왜 그런 수상 소감을 말하는지 알 것 같았다. 어떤 방송도 혼자 만들 수는 없다. 수많은 제작진들이 하나하나 힘을 모아 하나의 멋진 작품을 완성하는 것이다. '방송'이란 알수록 참 매력적인 녀석 같다.

'엥? 방송 알레르기까지 있는 내가 지금 무슨 생각을 하는 거야? 에잇!'

난 앞에 놓인 음료수를 벌컥 들이켰다.

"아들!"

엄마 아빠가 내 옆자리로 왔다.

"우리 아들, 오늘 고생 많았다!"

엄마가 음료수 한 잔을 따라 주며 말하자, 아빠도 맞장구를 쳤다.

"맞아! 오늘 우리 아들 없었으면 완전 방송 사고였다니까. 마징가가 우리
팀을 살린 거라고! 암, 암!"

엄마 아빠는 날 끌어안고 민망하게 뽀뽀 세례를 퍼부었다. 건너편에 앉아

있던 유재식 아저씨가 큰 소리로 말했다.

"자, 몸을 사리지 않는 몸 개그로 우리 팀을 살린 마징가를 위하여 박수!"

"마징가 짱!"

나를 향해 한꺼번에 박수가 쏟아졌다. 이렇게 큰 박수를 받아 본 건 처음이었다. 뭐 박수 받을 만한 일을 한 적도 별로 없지만. 아무튼 기분이 썩 나

쁘지 않았다. 아니 사실은 기분이 엄청 좋아 우주라도 뚫고 날아갈 것 같았다. 나는 자리에서 일어나 꾸벅 인사를 하며 말했다.

"알아주시니 고맙습니다. 그런데 저는 그저 다 차려 놓은 밥상에 숟가락만 하나 올려놓았을 뿐이거든요. 흐흐."

"어? 그거 어디서 많이 듣던 수상 소감인데……."

"으이구, 누가 마봉추 PD 아들 아니랄까 봐."

하하하하! 우리들의 웃음소리에 치킨집 지붕이 꽤나 들썩거렸을 것이다.

"헤헤. 그런 의미에서 방송국 모든 제작진들을 위하여!"

"위하여!"

인형극 배우, 성우

뜨악! 인형들이 살아 움직여요!

    텔레비전 어린이 프로그램에서 인형극을 볼 때마다 갖가지 인형들이 마치 살아 있는 것처럼 연기를 잘하지요?

    '인형 속에는 무엇이 들어 있을까?', '인형이 내는 목소리는 누가 내는 걸까?'

    인형극을 볼 때마다 한번쯤 이런 궁금증이 생겼을 거예요. 인형극의 주인공은 단연 인형들이겠지만, 진짜 주인공은 어쩌면 인형들을 살아 움직이게 하는 인형극 배우와 성우들인지도 몰라요.

    인형극은 보통 '인형극회'라는 인형극 공연 전문 집단에서 맡아 하는데, 그중 인형을 조종, 연기하는 사람을 '인형 연기자' 또는 '인형극 배우'라고 해요. 인형극 배우는 다양한 종류의 인형들을 다룰 줄 알아야 해요.

    방송 인형극에 쓰이는 인형은 조종 방법에 따라 종류도 여러 가지예요. 사람이 옷처럼 입고 연기하는 탈 인형, 장갑을 끼듯 팔에 끼워 조종하는 손 인형, 손가락에 끼워서 조정하는 손가락 인형, 인형을 줄이나 장대에 매달아 조종하는 줄 인형과 장대 인형 등이 대표적이지요.

인형극에 쓰이는 인형들은 전문 제작자가 만들지만, 연기자들이 인형을 직접 디자인, 제작하기도 해요. 인형을 조종, 연기하면서 몸소 느꼈던 불편한 점들을 잘 알기 때문에 누구보다 인형극에 알맞은 인형을 만들 수 있거든요.

방송 인형극을 만드는 또 하나의 주인공은 성우랍니다. 아무리 인형극 배우들이 연기를 잘해도 목소리가 없으면 답답하고 지루할 거예요. 인형의 성격이나 특징을 살려 주는 성우의 목소리가 더해지면 진짜 살아 있는 인형처럼 착각이 들지요.

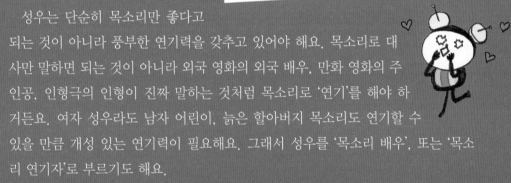

성우는 단순히 목소리만 좋다고 되는 것이 아니라 풍부한 연기력을 갖추고 있어야 해요. 목소리로 대사만 말하면 되는 것이 아니라 외국 영화의 외국 배우, 만화 영화의 주인공, 인형극의 인형이 진짜 말하는 것처럼 목소리로 '연기'를 해야 하거든요. 여자 성우라도 남자 어린이, 늙은 할아버지 목소리도 연기할 수 있을 만큼 개성 있는 연기력이 필요해요. 그래서 성우를 '목소리 배우', 또는 '목소리 연기자'로 부르기도 해요.

요즈음은 날이 갈수록 성우의 활동 영역이 넓어지면서, 외화, 만화, 인형극뿐 아니라 여러 방송 프로그램과 광고에 '소리'를 불어넣지요. 나아가 연기자 못지않은 연기력과 입담으로 실제 연기자로 활약하기도 한답니다.

 s#. 12 시끌벅적 가족, 레드 카펫을 밟다?

ON-AIR

어제 녹화도 끝냈겠다, 오늘 아침에는 아주 늘어지게 푸욱 자려 했다.

"마진가, 아직도 자냐? 얼른 출근하자고!"

"아이참, 출근은 무슨 출근? 녹화 다 끝났거든!"

"넌 녹화 끝이 방송의 진짜 시작이라는 말도 모르냐?"

"뭐, 이제부터가 진짜 시작이라고?"

이런 젠장! 모처럼 아침잠 한번 늘어지게 자고 싶다는 나의 작은 소망을 이루기엔 아직 때가 아닌가 보다. 우리 가족은 빵을 입에 문 채 엘리베이터에 올라탔다.

"아니, 녹화 끝났는데 무슨 할 일이 남았다는 거야?"

"우리 아들이지만 생각이 참 단순해! 앞으로 해야 할 일이 산더미라고!"

엄마는 내 머리에 냅다 꿀밤을 먹였다. 그러고는 내가 아빠를 닮아 생각도 단순하다며 오늘부터 5일 뒤인 방송 날까지 해야 할 일을 줄줄이 읊었다.

녹화 테이프를 보면서 가편집하기, 화면에 자막 넣기, 컴퓨터 그래픽 작업

신문 한 면에 나와 있는 오늘의 방송시간표를 본 적 있지요?

하루 종일 수백 개의 방송 프로그램이 쉴 새 없이 방송되는데, 시청자들에게 수많은 프로그램들 중에서 "우리 프로그램 좀 봐 주십시오!" 하고 프로그램의 주요 장면을 모아 미리 보여 주어 시선을 끌고, 프로그램이 방송되는 시간 등의 정보도 알려주는 역할을 하는 것이 바로 예고 프로그램이예요. 이런 의미에서 예고 프로그램도 일종의 광고라고 할 수 있어요.

하기, 성우 목소리 덧입히기, 생동감 있는 효과음악 넣기 등을 해서 마지막 편집을 마친다고 했다.

"하지만 여기서 끝이 아니야. 예고 프로그램[32]까지 만들어야 해."

"영화 개봉 전에 맛보기로 보여 주는 예고편 같은 거?"

"그렇지. 역시 우리 아들은 날 닮아서 머리가 똑똑해! 한마디로 우리 방송 좀 봐 주십사 하고 미리 광고를 내는 거지."

물론 이 모든 일은 PD 혼자 다 하는 것이 아니라 각 영역의 전문 제작진들이 착착 진행한다. 하지만 줄줄이 이어져 나오는 앞으로 할 일들을 생각하니 한숨부터 나왔다. 방송 일은 그야말로 끝이 없는 것 같다. 방송 한 편이 텔레비전에 방송되기까지 해야 할 일들이 끝도 없이 이어지고 또 이어졌다. 엄마 아빠가 매일같이 '바쁘다, 바빠'라는 말을 입에 달고 사는 이유를 이제 조금은 이해할 것 같다. 엄마 아빠뿐 아니라 방송국 사람들이 하나같이 '바쁘다, 바빠'를 외치는 이유도.

녹화 마무리 작업을 하러 편집실에 들어간 엄마 아빠는 사람이 되기 위해 동굴로 들어간 단군 신화의 곰과 호랑이처럼 나올 생각도 않고 막바지 작업에 열을 올렸다. 내가 곁에서 한 일이라고는 엄마 아빠를 위해 쑥과 마늘 대신 빵과 커피를 사다 주는 것이 고작이었다. 그렇게 5일이 후딱 지나갔다.

두구두구 두구두구!

드디어 나의 특집 방송이 전파를 타고 텔레비전에 나오는 날이다. 제작진들은 방송국 회의실에 모여 함께 방송을 보기로 했단다. 나도 그러고 싶었지만, 단짝 친구 경욱이의 생일잔치에 가야 했다.

경욱이네 집에 모인 우리 일당들은 방학 내내 '부모님 직업 현장 실습'을 하느라 바빠서 제대로 만나지도 못한 터라 할 이야기가 무척 많았다. 우린 저마다 부모님 직장에서 겪었던 무용담을 늘어놓으며 실컷 낄낄거렸다.

단연 화제의 중심은 나! 아니, 엄밀히 말하자면 내가 아는 '연예인'에 대한 관심 폭발이었다. 연예인은 몇 명이나 봤느냐, 본 연예인 가운데 누가 제일 예뻤냐, 혹시 그사이 절친 연예인은 생겼느냐 등등 순전히 연예인에 대한 질문만 마구 쏟아졌다. 썩 내키진 않았지만, 녀석들이 간절히 원하는 것 같아 특집 때 만난 유재식 아저씨랑 같이 밥 먹은 이야기, 축하 공연을 한 가수들과 대기실에서 묵찌빠 놀이하며 놀았던 이야기 등을 살짝 과장해서 들려주었다. 녀석들은 내가 한마디할 때마다 부러움의 탄성을 질러 댔다. 음하하하!

단, 방송국에서 남보아를 만나 화장지를 줬다느니 하는 얘기는 쏙 뺐다. 왠지 경욱이한테 숨기고 싶었다. 딱히 이유도 없이 경욱이에게 미안한 마음이 들어 화제를 돌리고 싶었다. 마침 시계를 보니 특집 방송 시간이 한참이나 지난 게 아니겠는가!

우리는 얼른 텔레비전을 켰다. 내가 출연한 뽕뽕이 인형극 공연 순서가 되자 갑자기 흥분한 나는 소리쳤다.

"저게 나야, 나! 뽕뽕이 인형이 바로 나라고!"

"저엉~말?"

친구들은 믿기지 않다는 듯 텔레비전 앞으로 바짝 다가가 앉더니 방송이 다 끝날 때까지 꼼짝도 하지 않았다. 나 또한 화면이 뚫어져라 쳐다보았다. 사회자의 마지막 인사말이 끝나고 화면 위로 제작진 이름들이 빠르게 올라갔다.

"와! 저기 봐! 마진가 이름이다!"

쏜살같이 올라가는 크레딧[33]에서 녀석들은 용케도 내 이름을 찾아냈다. 그것도 두 번씩이나!

33 크레딧(Credit)
프로그램이 끝날 때쯤 제작에 참여한 분야별 제작팀들의 이름이 빠르게 지나가는 것을 본 적 있죠? 이 자막이 바로 크레딧입니다.

'인형극 특별 출연 마진가', 그리고 '진행 마진가'!

내 이름이 이렇게 멋지고 자랑스러운 줄 예전엔 미처 몰랐다. 매일 쓰고 보는 내 이름을 텔레비전에서 보니 가슴이 콩당콩당 달음박질쳤다. 그리고 텔레비전 화면 위로 잽싸게 올라가는 수십 명의 제작진 이름들만큼이나 빠르게 지나간 한 달간의 방송국 생활이 머릿속을 스쳐 지나갔다.

　생애 첫 텔레비전 출연 역할이 시도 때도 없이 방귀만 뀌는 뽕뽕이라는 게 아주 쪼끔 마음에 걸리긴 하지만, 그래도 지금껏 한 번도 경험해 보지 못한 새로움을 맛볼 수 있었다는 것만으로도 난 충분하다.

　방송이 끝나자, 녀석들은 경욱이의 생일잔치가 아니라, 꼭 나의 첫 방송 출연 축하 잔치에 온 것처럼 나를 축하해 주었다. 경욱이는 나를 '연기자 마징가'라며, 매니저가 필요하면 꼭 자기를 써 달라고 너스레까지 떨었다.

　다음 날 아침, 나는 마지막 출근을 했다. 한 달간의 방송국 현장 실습이 대

단원의 막을 내려야 할 때가 오고야 만 것이다. 기분이 참 묘하다. 뭐라 설명할 수 없을 만큼. 터덕터덕 예능 제작국에 들어섰다.

"니,니,니들 이게 뭐야!"

국장님의 벼락 같은 소리가 온 사무실에 메아리쳤다. 그 무시무시한 벼락을 된통 맞고 있는 건 다름 아닌 엄마와 아빠였다.

"방송이 무슨 장난이냐?"

"아니오……."

"그런데 시청률이 이게 뭐냐고! 시청률이!"[34]

학교에만 성적표가 있는 게 아니었다. 방송국에도 PD들을 벌벌 떨게 만드는 성적표가 있었으니, 그건 바로 '시청률표'다. '시청률표' 앞에서는 제아무리 카리스마 짱인 엄마도 별수 없이 말꼬리가 흐려졌다.

"열심히 한다고 했는데……."

"열심히 했는데, 같은 시간대 방송국 세 곳 프로그램 중 꼴찌냐, 꼴찌?"

'꼴찌'라는 말 앞에서는 어떤 변명도, 핑계도 소용이 없는 것 같다. 그래서 '꼴찌'는 말이 없게 마련인가 보다. 지난달 내가 수학 시험 꼴찌 했을 때처럼 엄마 아빠도 '시청률 꼴찌'라는 결과 앞에서 아무 말도 못했다.

국장님의 따따부따 잔소리는 끊길 듯 끊길 듯 끊이지 않고 계속되었다. 혼나고 있는 엄마 아빠의 모습이 꼭 내 모습 같아 참을 수가 없었다.

"국장님! 행복이 성적순입니까?"

갑작스런 내 질문에 국장님도 멈칫하며 날 바라봤다.

엄마 아빠는 당황해서 나를 말리는 눈치였지만, 나는 그럴 수 없었다.

"저는 행복이 성적순이 아닌 것처럼, 좋은 방송도 시청률순이 아니라고 생각합니다!"

"허허! 고 녀석 여전히 삐딱하기는. 그건 나도 너와 같은 생각이다!"

"그, 그런데 왜 시청률, 시청률 하시는 거예요?"

34 시청률

특정 프로그램을 얼마나 많은 사람들이 보았는지 한눈에 보여 주는 숫자예요. 원래는 프로그램의 시청 상황을 알기 위한 측정일 뿐이지만, 시청률의 높고 낮음이 프로그램의 인기를 나타내기 때문에 방송국에서는 아주 중요한 요소랍니다.

생방송 1분 만에 시청률 조사 끝! 시청률 조사는 전 국민을 대상으로 하는 것이 아니에요. 전국에 살고 있는 다양한 사람들로 조사 대상을 구성하여, 그들의 텔레비전에 피플미터(People Meter)라는 시청률 조사기기를 설치하면 피플미터에 누가 언제 어떤 방송을 시청했는지 자동으로 기록되면서 동시에 시청률 조사 기관으로 그 자료가 송신됩니다. 그렇게 모아진 시청 자료들로 어떤 프로그램을 어떤 사람들이 얼마나 보았는지 시청 패턴을 분석하여 시청률 조사를 부탁한 방송국으로 보내주는 거예요.

실시간 시청률　조사대상 구성

피플 미터기 기록　결과 전달

자료 산출

35 시험용 프로그램

방송국에서는 개편 때마다 새로운 프로그램을 선보여요. 그런데 새로운 프로그램을 정규 방송으로 바로 확정하는 데에는 여러 가지로 부담이 따르기 때문에 정규 프로그램으로 확정하기에 앞서 시청자들의 반응을 보기 위해 시험용 프로그램을 내보내요. 이런 프로그램을 가리켜 '파일럿 프로그램'이라고도 해요. 시험용 프로그램을 내보낸 뒤 반응이나 평가가 좋으면 정규 프로그램으로 편성해요.

36 방송 편성이란?

방송 편성이란 방송 프로그램 전체를 관리하고 운영할 계획을 세우는 것으로, 쉽게 말해 학교에서 여러 과목을 효과적으로 수업하기 위해서 일주일 단위의 시간표를 짜는 것과 비슷해요.

방송 프로그램을 편성할 때 고려해야 할 점 5가지
① 누구에게 – 수용 대상, 곧 시청자
② 무엇을 – 프로그램 내용
③ 언제 – 방송 시간
④ 어떻게 – 프로그램 구성 형식
⑤ 얼마나 – 방송 횟수와 분량

국장님은 방송하는 사람이 시청률을 무시할 수는 없다고 말했다. 어찌 되었든 시청률은 시청자들을 얼마나 만족시켰는지 알려 주는 결과물이기 때문이라면서 말이다. 국장님은 계속 말을 이었다.

"원래 한국말은 끝까지 들어야 하고, 방송은 '반전'이 중요한 법이지!"

"반전이오?"

우리 가족은 국장님이 또 무슨 말을 꺼내려고 그러나 싶어 빤히 쳐다보았다.

"특집 방송, 시청률은 꼴찌지만 조금만 다듬으면 온 가족이 함께 볼 수 있는 좋은 프로그램이 될 것 같더라."

"네?"

우리 3D 가족은 놀란 토끼눈이 되어 합창을 했다.

"오늘 아침에 편성팀이랑 회의했는데, 다음 개편 때 들어가도 괜찮을 것 같대. 그러니까 좀 더 다듬어서 시험용 프로그램[35] 한 번 내보내고, 정규 방송으로 편성[36] 받아 보자고!"

"네에?"

　역시 방송은 '반전'이 중요하다더니, 시청률 꼴찌의 특집 방송을 정규 방송으로 만들어 보란다. 정말 대반전이다.

　국장님으로부터 새로운 임무를 받은 엄마 아빠는 어리둥절해서 눈만 끔뻑거렸다.

　이렇게 해서 엄마 아빠는 특집이 끝나기가 무섭게 다음 가을 개편에 들어갈 시험용 프로그램을 맡게 되었다. 정말 기분이 좋았다. 다른 때 같았으면 또 일만 하냐고 투정도 부렸겠지만, 함께 일해 보니 새로운 방송을 계속 만들 수 있는 것이야말로 방송인으로서 가장 행복한 일이라는 걸 깨달았다. 오늘 밤부터 곧바로 시험용 프로그램 기획에 들어간다는 엄마 아빠야말로 방송국을 지키는 마징가임에 틀림없다.

난 이제 집으로 돌아간다. 파란만장했던 방송국 체험을 뒤로 하고 방송국을 나섰다. 누가 뒤에서 부르는 것도 아닌데 자꾸만 뒤돌아보게 된다.

이 늦은 밤 방송국은 아직도 환하게 불이 켜 있다. 불이 켜진 어느 곳엔 엄마 아빠가 프로그램 회의를 하고 있을 것이고, 또 어느 곳에선 무대 디자이너가 무대를 디자인하고 있을 것이며, 또 다른 곳에선 특수 분장사가 밤샘 촬영하는 연기자를 멋지게 변신시켜 주고 있을 것이다.

미로 같은 방송국 안 곳곳에는 수많은 분야의 전문가들이 오로지 '방송'을 위해 오늘도 그렇게 불을 밝히고 있다. 그야말로 방송국은 '연중 무휴 365일 ON-AIR'다!

그리고 나에게 아무도 모르는 비밀이 하나 생겼다.

'언제가 될지는 모르지만, 엄마 아빠와 나, 셋이서 같은 방송국에 다니며 함께 방송 프로그램을 만들면 어떨까?'

언제부터 이런 엉뚱한 상상을 하게 되었는지는 잘 모르겠다. 하지만 상상은 곧 현실이 된다는 말도 있지 않나? 어쩌면 우리 가족이 함께 만든 방송이 올해의 좋은 방송 프로그램으로 선정되어서 한껏 폼 잡으며 시상식 레드 카펫을 밟게 될지도 모른다. 상상만 해도 실실 웃음이 나온다. 흐흐흐!

나도 엄마 아빠처럼 PD가 되어 볼까? 글쎄. 그건 좀 더 생각해 봐야겠다. 방송국 안에는 정말 다양한 직업들이 있으니까 말이다. 그 많은 직업 중에서 내가 어떤 일을 하는 게 가장 행복할지 곰곰이 생각해 봐야겠다.

분명한 건 나, 마진가가 꼭 다시 돌아온다는 거다. 이 흥미진진한 방송국으로 말이다!

"꼭 다시 돌아올 거야!"

하지만 나는 여전히 '방송국 알레르기'에 시달리고 있다. '방송국'의 '방' 자만 들어도 이맛살이 찌푸려지고, 텔레비전이나 라디오만 봐도 짜증이 나는 대신 요즘은 방송의 '방' 자만 들어도 온몸이 근질근질해진다. 당장이라도 방송국에 가서 일하고 싶어서 말이다.

지금 나의 '방송국 알레르기'는 진화 중!

방송 영상 디자이너

특수 영상? SF 공상과학 영화에만 있는 게 아니야!

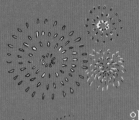

　　무대 디자이너, 의상 디자이너 등은 들어 봤어도 방송 영상 디자이너는 처음 들어봤다고요? 방송 영상 디자이너가 조금 낯설고 생소한 직업이긴 하지만, 방송에서는 없어서는 안 될 중요한 직업 가운데 하나랍니다.

　　다양한 컴퓨터 그래픽을 이용해서 정지된 방송 화면에 생명력을 불어넣어 주어 살아 숨 쉬게 하는 창의적인 작업, 곧 방송 영상을 멋지게 디자인하는 사람들이 바로 방송 영상 디자이너거든요.

　　방송국에서 영상 디자이너가 해야 할 일이 아주 많아요. 본디 애니메이션에서 먼저 영상 디자인이 시작되었지만, 현재는 다양한 분야에서 영상 디자인이 이루어지고 있답니다. 뉴스에서부터 쇼 · 오락, 시사 · 교양, 드라마, 스포츠, 날씨 정보 등 모든 프로그램의 얼굴이라 할 수 있는 타이틀을 제작하고, 프로그램 내용에 따라 화면을 합성하거나 일부분을 지우는 작업도 도맡아 해요. 뿐만 아니라 특수 영상도 제작하지요.

　　"특수 영상? 그거 SF 공상 과학 영화에만 있는 거 아닌가요?"

하는 친구들도 있을 거예요. 하지만 그렇지 않아요.

　　방송에서의 특수 영상이란 시청자들이 프로그램을 좀 더 이해하기 쉽게 도와주고, 시청자들에게 좀 더 풍성한 볼거리를 제공하는 것이 주목적이라고 할 수 있어요. 밤하늘에 수많은 별똥별이 쏟아지는 장면, 불대포를 쏘아 올리는 장면, 이순신 장군이 거북선을 타고 전투를 벌이는 장면 등 실제로 촬영하는 데 한계가 있는 장

면을 특수 장치, 특수 촬영, 컴퓨터 그래픽, 영상 합성 같은 특수 효과
기법을 총동원해서 멋진 영상을 만들어 낸답니다.

방송 영상에 새 생명을 불어넣는 방송 영상 디자이너가 되기 위해서는.

첫째, 무엇보다 디자인 감각과 자기 표현력, 거기에 누구도 상상하지 못한 새로
운 것을 생각해 내는 창의력이 있어야 해요.

둘째, 방송 일의 특성상 여러 분야의 사람들이 함께 진행하는 공동 작업을 많이
하기 때문에 자신의 주장만을 내세우기보다는 동료들의 의견도 이해하고 존중할 줄
알아야 하지요.

셋째, 맡은 프로그램의 성격이나 흐름 등을 빠르고 정확하게 파악하는 능력도 필
요해요. 프로그램 성격이나 흐름에 맞지 않는 영상 효과는 안하느니보다 못한 결과
를 가져오거든요.

넷째, 평소 우리나라뿐 아니라 다른 나라의 방송
프로그램을 자주 지켜보면서 다른 방송 영상 디자이
너는 어떻게 작업을 진행하는지 관심을 기울여야 해
요. 그래야 요즘 방송 영상 그래픽 흐름이나 기법 등
새로운 정보를 얻을 수 있으니까요.

다섯째, 방송 영상 디자이너가 되고 싶다면 미술 관
련 분야(서양화, 동양화, 디자인 등), 애니메이션 분야, 컴퓨터 관련 분야 등 평소
다양한 분야에 대해 관심을 가지고 지켜보는 것이 중요하겠지요?

요리조리 방송국 속으로!

중계차와 중계용 헬리콥터

부조정실

스튜디오마다 짝꿍처럼 붙어 있는 부조정실은 스튜디오에서 녹화에 필요한 모든 일을 조정하는 곳이에요.

주조정실

녹화 방송이든, 생방송이든 모든 프로그램은 여기를 통해야만 방송이 된답니다.

편집실

녹화한 테이프를 자르고 붙여 방송용 테이프로 만들어요.

중앙 회선 조정실

방송에 필요한 모든 신호를 주고받고, 조정하는 방송국의 심장이에요.

녹음실

편집된 프로그램의 소리를 다듬고, 효과 음악을 곁들이는 곳이에요.

라디오 스튜디오

흥미진진! 방송 프로그램 이렇게 만들어져요!

1. 어떤 프로그램을 만들까?
기획 회의 프로그램 제작의 첫 단추는 기획!

2. 프로그램의 튼튼한 뼈대 만들기
구성 회의 프로그램에 관련된 자료들을 조사해서 어떤 내용을 어떻게 방송할 것인지, 프로그램의 뼈대를 구성해요.

3. 섭외의 힘!
섭외 출연자 섭외에서부터 장소 섭외까지.

제발!

4. 제작진들 모여라!
제작진 회의 프로그램 하나 만드는 데 수많은 제작진들이 필요해요. 담당 PD는 방송국 여기저기에 흩어져 있는 제작진들과 만나 프로그램 제작에 대한 진행 방향을 정하지요.

드림팀 인걸!

카메라 감독
음향 감독
조명 감독
특수효과
세트디자이너

5. 대본으로 왕수다 떨기
대본 쓰기 방송 작가는 프로그램 출연자들이 할 이야기를 대본으로 써요.

6. 카메라 예행 연습은 더욱 진짜같이!
리허설 출연자들은 대본 연습을 하고, 제작진들은 음향, 조명, 소품, 의상, 카메라 등을 꼼꼼히 확인해요.

7. 드디어 스탠바이~ 큐!
녹화 부조정실에서 PD의 큐 사인이 나면, 드디어 녹화 시작이에요.

8. 자르고, 붙이고, 뒤집기 한판
가편집 수십 개의 녹화 테이프에서 좋은 영상만을 추리고, 순서를 바꿔 새로운 영상을 만든답니다.

9. 화면에 소리 입히기

녹음 편집된 녹화 영상에 필요한 소리를 입히는 단계예요. 외국어 대사를 성우가 우리말로 녹음하는 것을 비롯해서 방송 해설 녹음, 화면 분위기에 맞는 효과음 등 다양한 소리를 녹음해요.

10. 프로그램 완성

종합 편집 방송용 테이프를 완성하는 과정이에요. 각종 특수 효과, 자막, 음향, 편집 등을 마지막으로 정리하지요.

11. 주조정실아, 부탁해!

프로그램 송출 정해진 순서와 시간에 맞춰 주조정실에서 방송 프로그램을 내보내요.

12. 채널 고정!

중앙회선조정실에서 보내는 방송 신호가 전파를 타고 드디어 우리 집 텔레비전으로 방송돼요. 방송국아, 고마워!

우리도 방송국 체험하러 가자!

KBS 견학홀
KBS 견학홀은 국내 최초의 방송 전시관이에요. 미니 박물관, 라디오와 드라마 스튜디오, 효과 장비, 뉴스 체험 코너, 입체영상 체험관 등이 마련되어 있답니다. 라디오 오픈 스튜디오가 있어 라디오 진행 현장을 직접 볼 수도 있어요.
http://office.kbs.co.kr/hall

광주 시청자 미디어 센터
시청자를 위한, 시청자에 의한 열린 공간인 광주 시청자 미디어 센터는 누구나 쉽게 미디어에 접근할 수 있도록 시청자 방송 제작 지원과 미디어 교육, 다양한 체험 프로그램들을 운영하고 있어요.
뉴스를 직접 만들어 보는 '파랑 뉴스센터', 화면 해설 방송과 자막 방송이 어떻게 만들어지는지 알아보고 직접 만들어 보는 '자막 방송 만나기', 직접 라디오 프로그램의 PD, 아나운서, 엔지니어가 되어 보는 'DJ체험' 등 다양한 프로그램들이 있어요.
http://www.comc-gj.or.kr/

어린이 기자 클럽
서울시에서 운영하는 어린이 사이트 '꾸러기 세상'에서는 해마다 3월이면 초등 3학년~6학년을 대상으로 어린이 기자를 모집하고 있어요. 어린이 기자로 뽑히면 1년 동안 '내 친구 서울' 어린이 기자 클럽에서 활동하며, 진짜 기자처럼 탐방 취재도 가고 기사도 써요.
http://kid.seoul.go.kr/